KB013596

빛깔있는 책들 101-36

한국의 풍어제

글, 사진/하효길

대원사

하효길 ————————

고려대 대학원을 졸업하고 국립
경주박물관 학예연구관과 국립경
주문화재연구소 학예연구관, 국립
광주박물관 학예연구실장, 국립민
속박물관장, 국립중앙박물관 유물
관리 부장을 역임하였다. 현재 문
화체육부 문화재전문위원과 서울
특별시 문화재위원, 경기도박물관
유물감정위원, 민속학회 부회장으
로 활동하고 있다. 주요 논문으로
「한국전설연구」「위도의 민속」
「강사리 범굿」「한국의 귀신」「민
간신앙에서 본 죽음의 문제」 등
여러 편이 있다.

한국의 풍어제

한국의 풍어제

서해안 위도띠뱃놀이의 띠배와 용왕상

풍어제란 무엇인가

　우리나라는 삼면이 바다로 둘러싸여 있어 긴 해안선과 많은 섬들을 지니고 있다. 이곳에서 바다를 끼고 바다와 더불어 살아 온 어민들에게 고기잡이는 삶의 존속을 위한 하나의 절실한 수단이 된다.

　먼 옛날 선사 시대부터 지금까지 어패류를 비롯하여 조기잡이와 멸치잡이 등 어로(漁撈) 생활을 해오면서 어민들은 만선(滿船)의 기쁨을 누리기도 하지만 때로는 흉어(凶漁)가 계속될 때도 있고 또 험한 바다에서 불귀(不歸)의 객(客)이 되기도 한다. 따라서 바다에 생명을 걸고 배를 부리는 이들에게는 바다에서의 무사고와 풍어(豊漁)가 가장 큰 소망이다.

　풍어제(豊漁祭)는 각 해안·도서 지방의 어촌에서 주민들의 이러한 의지를 다지고 신에게 기원을 드리는 제사(祭祀)이다. 풍어뿐만 아니라 마을의 평안과 운수 등 모든 것을 다 함께 기원하는 풍어제는 마을 제사이지만 바다와 어로라는 지리 조건과 절대적인 생업 조건 때문에 풍어제로서 강한 성격을 지닌다.

　마을굿의 굿거리 가운데 선주(船主)굿이나 깃굿, 용왕굿 등의 내용을 살펴보았을 때도 그러하거니와 무가(巫歌) 내용에도 해상의 안전과 풍어의 기원이 곳곳에 들어 있다.

앞바다도 열두바다
뒷바다도 열두바다
이십사강을 다닐적에
바람광풍 가라앉고
　　　　- 중략 -
간데마다 생기지방(생선이 많은 곳)
선곳에 닻을놓으면 생기(생선)더미가 되야
　　　　- 중략 -
고기더미 닻을놓을제
들물에 천여동 쓸물에도 만여동
갈치더미 닻을주고
조기더미 닻을두고
　　　　- 중략 -

　풍어제는 뱃고사 형태의 개인 제의(祭儀)와 별신굿이나 대동굿과 같은 마을 전체의 공동 제의로 구분할 수 있다. 이러한 풍어제는 지역에 따라 그 형태나 특징이 조금씩 다르게 나타난다.
　개인 단위의 풍어제는 배를 가진 선주들이 개별적으로 자기 배에서 배와 선원의 무사고 그리고 풍어를 기원하는 데 목적이 있다. 동해안 지방은 간단한 형태이긴 하나 가정에서 조상에게 차례를 지내듯이 배 서낭에게 고사를 지낸다. 그에 비해 남해안 지방은 신에게 적극적으로 생명의 안전과 풍어를 기원하여 신의 도움에 대한 확신과 신념을 갖게 한다.
　서해안 지방에서는 뱃고사를 통해 신이 보호해 준다고 믿는 신앙성

제주도 신촌리의 뱃고사 뱃고사는 개인 단위의 제의로 선주들이 개별적으로 자기 배와
선원의 무사고 및 풍어를 기원하는 데 목적이 있다.

과 더불어 고사에 참여한 사람들과 음식을 나누어 먹음으로써 행운이
따를 것이라는 자신감을 갖는 이중적인 효과를 얻는다. 따라서 선주는
신의 도움에 대한 확신과 마을 사람들의 정신적 조력까지도 확인함으
로써 안도와 용기를 얻게 된다.

　뱃고사는 선주 개인의 제의이지만 이러한 뱃고사를 통해 마을 사람들
이 한자리에 모여 농악과 함께 흥겹게 즐기는 가운데 서로간에 친목이
도모되기도 하고 일하면서 쌓인 피로와 정신적 갈등을 해소시킬 수 있
는 계기도 된다.

　선주 개인의 제의와 달리 마을 사람들이 모두 참여하는 공동 제의는
대개 마을의 신전(神殿)인 당(堂)에서 지내게 된다. 이러한 형태의 제

서해안대동굿 마을 공동의 풍어제로 여러 존신을 모시고 마을의 풍농과 풍어, 무사와 평안을 기원하는 굿이다. 인천.

의로는 깊은 밤 자정에 지내는 유식(儒式) 형태의 제의와 밝은 낮에 지내는 무(巫)굿 형태의 제의로 구분할 수 있다. 보통 자정에 이루어지는 유식 형태의 제의에 이어 무굿 형태의 제의를 지낸다.

깊은 밤에 지내는 유식 형태의 제의는 마을에서 선정된 제관[祭官, 제관은 보통 두세 명 정도이며 유식 형태의 제의에는 여자가 참여할 수 없는 곳이 대부분이나 부부가 제관이 되어 제의를 지내는 곳도 있다]이 음식을 차리고 축문을 읽는 고축(告祝) 형식이다. 밝은 낮에 지내는 무굿 형태의 제의는 무녀들의 노래와 춤, 악사들의 반주 속에서 굿거리를 한 거리씩 사제(司祭)해 가는 굿놀이 형식이다.

따라서 유식 형태의 제의는 가장 깊은 밤인 자정(子正)에 주민들의 주거 생활, 곧 속세와 분리된 시간과 공간 속에서 깊은 신앙심을 바탕으로 하여 엄숙하게 진행하며 극히 제한된 제관 외에는 참여할 수 없는 비공개적인 제의이다. 그러나 무굿 형태의 제의는 밝은 대낮에 모든 주민이 참여한 가운데 공개적으로 진행하며 굿 중간에 풍자적인 놀이와 유행가까지 곁들이는 분방한 형식에 연희성과 놀이성을 함께 갖고 있는 제의이다.

별신굿은 동해안과 남해안 지역에서 유식 형태의 당제(堂祭) 뒤에 무당(巫堂)에 의해 굿거리로 행하여지는 마을 신사(神祀)를 말한다. 이 별신굿을 사제하는 무당은 혈연으로나 지연으로나 마을과 아무 관련이 없는 전문적인 직업무(職業巫)들이다. 이들은 완전히 수업과 수련에 의해 가무(歌舞)를 익히고 사제 기술을 익힌 무당들로 여러 지방을 다니며 사제를 해준다.

별신(別神)이라는 이름의 제의는 해안 지방 외에도 은산(恩山)과 하회(河回) 등 일부 내륙 지방에서도 행하여지고 있으나 어로상의 풍어와는 아무 관련이 없다. 따라서 풍어기원제(豊漁祈願祭)로서의 별신굿은 동해안 전 지역과 남해안 거제도, 통영 및 인근 섬 지방 등의 별신굿이 그 대상이 된다.

별신굿은 '별손', '벨손', '벨신' 등으로도 불리고 또 '별신한다'라고도 하는데 근래에 와서는 '풍어제'라는 명칭을 붙이면서 어촌의 풍어기원제로서의 성격을 강하게 부여하고 있다. 그러나 이 별신굿은 풍어의 기원만을 위해서 행하여지는 제의는 아니고 어느 면에서는 마을의 무사(無事)와 풍농(豊農), 여행자의 교통 사고 방지까지 다목적 성격을 띤다. 별신굿의 대상신(對象神)도 당신(堂神)을 비롯한 여러 존신(尊神)이 되고 있다. 이 별신굿은 현재 동제 뒤에 행하여지는데 엄숙한 유식 제의 형식의 동제와는 달리 분방한 형식과 축제적 성격을 많이 지니고 있다.

따라서 현재의 별신굿은 그 기원이나 어원에 구애 없이 여러 존신을 모시고 마을의 풍농과 풍어, 무사와 평안 등을 비는 마을 공동의 기원 제의이다.

서해안 지방에서는 별신굿이라는 일률적인 명칭 대신 마을 이름과 제당(祭堂) 이름을 함께 붙여서 부르거나 대동제, 대동굿, 띠뱃놀이 등 지방에 따라 각기 다르게 사용하고 있다. 특히 서해안대동굿은 무당 중심의 풍어제 가운데 그 규모가 가장 크고 화려하며 뛰어난 축제성을 지니고 있다.

해안 지방에서는 해상(海上)에서의 안전과 풍어라는 이중적 부담을 지닐 수밖에 없기 때문에 어촌에서는 어로가 시작된 때부터 어떤 형태로든 생명의 안전과 풍어를 위한 기원제가 있었을 것이다. 마을마다 그 제의 형태가 조금씩 다르거니와 시간이 지나면서 지역의 특색에 맞는 풍어제가 정착되었을 것으로 보인다.

이 책에서는 각 지역별 뱃고사의 특징을 설명하고 현재 중요무형문화재로 지정된 동해안별신굿(제82-가호)과 남해안별신굿(제82-라호) 그리고 서해안대동굿(제82-나호)과 위도띠뱃놀이(제82-다호)를 중심으로 풍어제의 과정과 의미를 살펴보고자 한다.

뱃고사

　뱃고사란 우리나라의 해안 지방 및 도서 지방의 각 어촌에서 배를 가
진 선주가 설날, 보름, 추석 등의 명절과 출어(出漁) 전 그리고 흉어가
계속될 때 배를 관장하고 있는 뱃신에게 고사를 지내는 것을 말한다.
뱃고사는 현재 전국적으로 뱃신 신앙의 한 유형을 이루고 있으며 이는
우리나라의 민간신앙(民間信仰)상 높은 신앙률과 해안 지방 전 지역을
포괄하는 넓은 신앙 분포를 보이고 있다.
　뱃고사 때에는 배에 뱃기인 서낭기를 반드시 장식하는데 서낭기 외
에도 대어기(大漁旗), 삼각기(三角旗) 등을 장식하여 화려한 분위기를
돋운다.
　뱃고사의 대상신은 배서낭으로 이 배서낭은 지역에 따라서 배선주,
배선령, 배선왕 등으로도 불리나 배서낭이 전 해안 지방에 걸쳐 일반적
인 명칭으로 불리고 있다. 배서낭은 배와 선원을 보호하고 고기잡이를
돕는 신으로 각 어촌에서 숭상되고 있다. 각 배에서는 배서낭을 보통
여신으로 정하고 있으나 배에 따라서 남신인 경우도 있다.
　배에서 최초로 배서낭을 모실 때는 여신과 남신을 의식하지 않는 경
우가 많다. 그러나 배서낭의 성별을 결정해야 할 경우에는 배를 새로

서낭기와 대어기 뱃고사 때에는 배에 뱃기인 서낭기를 반드시 장식하는데 서낭기 외에도 대어기, 삼각기 등을 장식하여 화려한 분위기를 돋운다.

지어서 배내리기를 할 때 조선소에서 가까운 당산에서 무당을 불러 굿을 하는데 그 당신의 성(性)에 따르는 경우가 많다. 또는 선주나 기관장의 꿈에서 계시를 받거나 무당의 신의(神意)에 따르기도 한다.

백발의 노인이 선주나 기관장의 꿈에 나타나 배를 걱정해 주거나 고기잡이를 걱정해 주면 배서낭을 남신으로 모시고 배내리기 전날 선주나 기관장이 여인을 품에 안거나 희롱하는 꿈을 꾸면 배서낭을 여신으로 모신다. 특히 기관장이 선주의 부인을 품에 안는 꿈을 꾸면 우선적으로 배서낭을 여신으로 정하여 맞이한다. 그러나 앞에서도 언급한 바와 같이 사람들은 배서낭의 성별에는 큰 관심이 없으며 대체로 여신으

배서낭 신체 배서낭의 신체는 조
타실이나 기타 특수 봉안실에 봉
안하고 있다.

로 간주하고 있다. 여신이나 남신이 특별히 강조되는 경우는 현몽이나
무당의 의견에 크게 관심을 둘 때이다. 그리고 어촌의 당신은 거의가
여신이어서 배서낭을 당신의 성별에 따른다고 할지라도 여신으로 받아
들여질 확률이 높다. 그러나 간혹 한 배에 여서낭과 남서낭을 같이 모
시는 경우도 찾아볼 수 있다.

배서낭의 신체(神體)는 조타실(操舵室)이나 기타 특수 봉안실에 봉
안하고 있으나 배서낭을 신앙하고 제사지내면서도 신체를 봉안하지
않는 경우도 많다. 신체는 크게 세 가지 형태로 나타나는데 모두 한지
(韓紙)를 사용하는데 한지만 걸어 두거나 한지에 실로 북어를 묶어 놓
는다.

신체가 한지로만 된 경우에는 지방(紙榜) 형식을 겸하고 있어 성황

지신(城隍之神), 성주지신(城主之神), 선왕지신(船王之神) 등의 글을 적어 모시고 있다. 한지에 실만 묶어 놓은 신체에는 무명 타래실로 묶어 놓은 것과 청(靑), 홍(洪), 백(白)의 3색 실로 묶어 놓은 것 등의 형태가 있다.

배를 새로 지은 뒤에는 대부분 조선소(造船所) 근처의 당에서 무당이 주관하는 뱃굿을 하는데 이때 당 안에 한지를 걸어 두었다가 배에 옮겨와 신위로 모시는 경우가 많으며 또는 선주가 임의로 한지에 신명을 써 넣어 모셔 두기도 한다.

배서낭의 '서낭'은 한자로 '城隍'이라고 표기하는데 당나라 때의 기록에 성황신(城隍神) 또는 성황지신(城隍之神)이란 말이 쓰인 것으로 보아 성황은 이미 중국에서 오래 전부터 사용되었다는 것을 알 수 있다. 당시에는 성 가운데에 신사(神祠)를 두고 기도한 것으로 기록되어 있다.

반면 우리나라의 서낭은 육지에서는 마을의 동제당(洞祭堂) 또는 동구 밖의 고갯길 등에 위치하고 있으며 바다에서는 배에서 모셔지고 있다. 중국의 성황신은 도성신(都城神)으로서 모셔진 듯하나 우리나라의 경우에는 마을의 수호신에서부터 뱃신에 이르기까지 서낭신이 폭넓게 신앙화되어 있다. 따라서 서낭은 우리 고유의 신을 의미하는 것이라고 볼 수 있다.

뱃고사란 각 어촌에서 배에 배서낭을 모시고 배와 선원의 안전 및 풍어를 기원하는 것을 말한다.

동해안 지방의 뱃고사

뱃고사는 각 해안에 따라 그 규모라든가 절차, 기능 등에 약간의 차

동해안 서낭기 서낭기는 뱃신인 배서낭을 상징하는 것으로 뱃고사를 지낼 때 반드시 장식한다. 감포.

이점이 있고 각기 나름대로의 특징을 지니고 있다.

동해안의 뱃고사는 명칭 자체를 '명절 고사'라고도 하여 설날 일반 가정에서 조상에게 차례를 지내듯이 고사를 지낸다. 고사 과정은 당일 새벽 해뜨기 전 6시에서 6시 30분경에 먼저 서낭기 1기와 선주기(船主旗, 일명 대어기) 2, 3기 등의 뱃기를 배에 장식하는 데서부터 시작된다.

서낭기는 청·홍·백 등의 3색과 청·홍·황·녹·백 등의 5색에 깃발 안쪽에는 검은 마장(말깃)을 댄 것이 많다. 이 서낭기는 뱃신인 배서낭을 상징하는 것으로 어느 곳에서나 뱃고사를 지낼 때는 반드시 장식하는데 신간(神竿)으로서의 기능을 지닌 것으로 볼 수 있다. 3색·5색의 깃발은 예단(禮緞)의 성격을 띠고 있으나 뒤에 와서는 방위 개념이 포함된 듯하다. 선주기는 물고기와 글씨들을 울긋불긋하게 구성한 기로 신앙적 성격은 지니지 않는다.

기를 먼저 장식한 다음 선주 집에서 준비한 제물(떡·과일·나물 등)을 배의 선주나 기관장이 가지고 나와서 기관실 안에 모셔 놓은 신체 앞에 차려 놓는다. 촛불을 켜고 술잔을 따라 올린 뒤 대부분 절 없이 한참만에 제물(祭物)을 거둔다. 고사 현장에는 한 사람 또는 두 사람이 참석하며 배에서 술과 음식을 나누어 먹는다. 동해안의 뱃고사에서는 배에 올라온 제물은 다시 내려가지 않게 하기 때문에 자연히 제물 준비는 한 사람 혹은 두 사람이 모두 먹을 수 있을 정도의 양이 되도록 한다. 따라서 고사가 아주 의례적이며 소규모로 행하여진다.

제물을 선별하는 데 있어 한 가지 특이한 점은 감포나 구룡포 마을 등의 동해안 일부 지역에서는 닭고기를 제물로 진설하는 것이 금기로 되어 있다는 것이다. 영남 지방 일원의 동제에서는 닭이 통째로 진설되는데 같은 영남이라도 해안 지방에서는 닭을 제물로 올리지 못하게 하고 있다.

닭이 헤치는 습성을 지닌 동물이어서 피하는 것인지 아니면 뱀과 꿩은 상극이라는 생각의 연장으로 바다의 용과 닭을 피하고자 하는 것인지 이는 좀더 밝혀 볼 만한 문제이다.

제물은 해가 떠오를 때쯤 차리고 해가 완전히 솟아올라 있을 때에는 모두 고사를 끝내고 배에서 내려오게 된다. 그러나 뱃기는 그대로 장식하여 두었다가 고사 당일 해질 무렵 거두기도 하고 하루 이틀 더 장식하여 두기도 한다.

남해안 지방의 뱃고사

　남해안 역시 서낭기 및 선주기를 장식하는 데서부터 뱃고사가 시작된다. 서낭기는 동해안과 마찬가지로 해뜨기 전에 1기를 배에 장식하는데 선주기는 3, 4기 정도를 장식하여 동해안 쪽보다 1, 2기를 더 장식하므로 기 장식이 화려해진다.

　고사 시간이나 신체 봉안 형태는 동해안 지방과 거의 동일하나 제물의 종류와 양, 차림 등 그 규모가 커지며 선주가 직접 참여하여 절을 하고 간절히 기원하는 점 등에서 동해안과 차이가 있다.

　동해안 지방에서는 제물을 한곳에만 차려 놓고 절 없이 한참 뒤에 거

남해안 지방의 뱃기 장식　남해안 지방은 동해안 쪽보다 뱃기 장식이 화려하고 규모가 크며 적극적 신앙성을 띠게 된다.

두나 남해안 지방에서는 신체를 봉안한 조타실, 갑판 돛대 아래, 기계실 입구 등 여러 곳에 제물을 차리고 제주인 선주는 제물을 차린 곳마다 각각 절을 두 번씩 한다. 다만 촛불은 제물을 차린 곳마다 켜지 않고 조타실 신체를 봉안하고 있는 곳에만 켜 놓는다.

제물을 차려 놓은 뒤 5분에서 10분쯤 지나면 제주(祭主)는 음식물을 조금씩 떼어 바다에 고수레를 하고 갑판 이곳 저곳에 술을 부은 뒤 고사가 완전히 끝나면 인접 배에 타고 있는 선원을 불러 같이 음복한다. 이렇게 남해안 지방의 뱃고사는 동해안 뱃고사에 비해 규모가 커지면서 적극적인 신앙성을 띠게 된다.

고흥 지방 뱃고사에서는 고사 며칠 전부터 서낭기를 선주의 대문에 세워 두었다가 고사 당일 새벽 1시쯤 서낭기를 들고 당산에 올라가 농악을 울리면서 당제를 지내고 그 서낭기를 가지고 와서 배에 꽂은 다음 뱃고사를 지낸다. 이는 마을 공동 제의인 별신굿과 내용만 다를 뿐 진행 과정이 같고 풍어를 기원하는 면에서 두 제의의 목적도 일치된다.

이는 곧 개인 제의인 뱃고사와 공동 제의로서 별신굿이 절충되면서 새로운 유형을 이루게 된 현상이라고 볼 수 있다.

서해안 지방의 뱃고사

서해안 지방에 와서는 이러한 뱃고사가 또 다른 모습을 보인다. 서해안 지방의 뱃고사는 우선 뱃기의 장식에서부터 다른 지방과 대조를 이룬다. 동해안과 남해안 지방에서는 5색의 서낭기를 1기씩 장식하는 데 비해 서해안 지방에서는 최소한 2기 이상을 장식하고 7, 8기까지도 장식하여 배들이 밀집하여 있는 선착장은 이루 말할 수 없는 화려한 경관을 이룬다.

서해안 지방의 뱃기 장식 서해안 지방은 섣달 그믐에 뱃고사를 지낸다. 최소 2기 이상 장식하여 선착장은 뱃기로 화려한 경관을 이룬다. 군산.

뱃기의 장식에서부터 제물의 준비에 이르기까지 고사 규모가 커지면서 또 한 가지 특징을 보이는 것은 뱃고사가 선주 개인의 제의이면서도 마을 사람들이 함께 참여하여 마치 마을의 공동제의인 양 착각을 일으키게 하는 것이다. 고사 시간도 동해안이나 남해안 지방은 설날 이른 아침이 되지만 서해안 지방에서는 섣달 그믐 오후를 택하고 있다. 떡과 돼지머리, 각종 나물, 과일 그리고 막걸리 등 음식도 푸짐하게 준비하여 고사를 겸해 이웃 잔치가 벌어진다.

한 개인의 배를 위하고 고기잡이를 위하는 고사인데도 마을 사람들이 모이고 배 위에까지 올라와서 뱃고사에 참여한다. 뿐만 아니라 배에 따라서는 농악까지 준비하기도 한다. 고사가 끝나고 술과 고기와 떡을 나누어 먹고 술이 얼큰해지면 배 안에서는 농악이 울리고 서로 어우러져 춤을 춘다. 그런 상태로 배가 앞바다를 한 바퀴 빙 돌아온다.

동해안 쪽 뱃고사가 단순히 의례적인 고사라면 남해안 지방의 뱃고사는 깊은 신앙성이 나타나고 서해안 지방에서는 여기에 축제성이 더해진다고 볼 수 있다.

동해안별신굿

　동해안 지역에서는 위로 고성에서부터 아래의 동래에 이르기까지 해안을 따라 마을 곳곳에서 3년 또는 10년 간격으로 별신굿이라는 이름의 풍어제를 지낸다.

　이 동해안별신굿은 마을의 공동 제의로 궁극적으로는 신앙적인 의례이지만 그 진행 과정을 볼 때 엄숙한 유식 제례와는 사뭇 다르다. 노래와 춤과 익살스러운 재담(才談)으로 제의에 참여한 관중들을 사로잡아 울렸다 웃겼다 하며 제의의 분위기 속에 몰입시키고 제의 기간 동안 마을 사람들의 관심을 집중시켜 메말랐던 정서를 충만하게 하며 이웃 마을 사람들까지도 모두 모이게 하여 마을을 활성화하는 축제적 성격을 띠고 있다.

　동해안별신굿의 사제무(司祭巫)들은 부부를 중심으로 그들의 자녀와 며느리, 사위, 조카 등 모두 친족 집단으로 구성되어 있다. 그래서 어느 지역보다도 별신굿의 전승과 기·예능자들의 전수가 잘 이루어지고 있는 편이다.

　다음은 경북 구룡포읍 강사리(현재 강사 2동) 별신굿을 중심으로 하여 살펴본 동해안별신굿의 과정이다.

마을과 제의 준비

구룡포읍 강사리(江沙里)는 포항시 인근 구룡포에서 위쪽으로 약 8 킬로미터쯤 이르는 곳에 해변을 따라 길게 자리잡은 마을이다. 이곳까지의 교통 수단은 대보와 포항간 또는 대보와 대구간의 직행 버스와 완행 버스가 있는데 구룡포에서 강사리까지 약 3, 40분 걸린다.

강사리는 인구 824명에 171가구로 구성되어 있다. 강사리에는 여러 성씨(姓氏)들이 거주하고 있는데 특히 김씨(金氏), 이씨(李氏), 정씨(鄭氏), 서씨(徐氏) 등의 순으로 많이 살고 있고 하씨(河氏)도 다른 지역보다는 많은 편이다.

이 마을의 가옥은 원래 초가(草家)가 주를 이루었으나 거의 슬래이트 지붕으로 바뀌었다. 근래에 와서 슬래브 지붕이나 시멘트 기와를 올린 집이 늘어나고 있다.

강사리의 경지 면적은 논이 3만 평, 밭이 16만 평으로 도합 19만 평이다. 논이 워낙 부족해서 쌀 생산량은 적은 편이다. 그래서 예로부터 이 마을의 처녀는 쌀 서 말을 못 먹어 본 채 시집을 간다는 말도 있었다. 그러나 이제는 보리밥 먹는 집이 없을 정도로 개인 생활이 향상되었고 공동 어장의 수입으로 얻은 어촌계(漁村契)의 마을 금고 액수도 연간 수천만 원의 결산을 보고 있다.

그러나 마을 앞은 해변에 접하고 뒤쪽은 바로 야산으로 이어져 있어 앞으로도 많은 농경지는 이루기가 어려운 형편이다. 이러한 자연 조건에 따라 자연히 생업은 반어반농(半漁半農)이나 어업 쪽에 더 비중을 두고 있는 실정이다.

강사리의 선박 종류는 동력선(動力船) 13척, 무동력선(無動力船) 7척으로 모두 20척인데 3톤 미만의 소형 선박(船舶)으로 가까운 바다에서만 어로 작업을 한다.

강사리 마을 전경 경상북도 포항 인근 구룡포에서 위쪽으로 약 8킬로미터쯤 이르는 곳에 해변을 따라 길게 이루어진 마을로 오래 전부터 풍어기원제로 별신굿을 지내고 있다.

해산물은 양미리, 쥐치 등의 어류와 천초(한천), 미역 등의 해초류가 주를 이룬다. 이외에도 특산물을 꼽는다면 무와 양파를 들 수 있다.

강사리와 주로 교역이 이루어지는 지역은 구룡포와 포항인데 미역 등의 해초류는 구룡포로 내보내고 어류는 포항으로 보내며 강사리에서의 필수품은 구룡포에서 구입한다. 특히 선박의 건조(建造) 및 구입은 구룡포에서 해오고 낡은 선박의 수리는 강사리 현지에서 구룡포의 목수를 불러다가 한다. 그리고 선박의 부속 기구나 어로 기구는 포항과 부산에서 구입해 온다.

전답(田畓)이 적고 어로에 의존하는 강사리는 자연히 먼 옛날부터 마을의 평안 및 배와 선원의 무사고와 풍어를 기원하는 별신굿을 해오고 있다. 이 별신굿은 3년 간격으로 해오고 있는데 동해안의 다른 지역과 마찬가지로 전날 밤에 당제를 먼저 지내고 아침에 연이어 별신굿을 시작한다.

이 당제와 별신굿은 제관 선정에서부터 제사 비용에 이르기까지 어촌계에서 일체를 주관하는 형식으로 되어 있고 실질적으로는 이곳 이장과 어촌계장이 주도적 역할을 한다.

어촌계에서는 당제와 별신굿의 진행 계획을 따로 세우지 않는다. 어촌계의 총대 회의에서 제사 일시(日時)와 비용이 결정되면 어촌계장과 이장은 당제와 별신굿 준비 작업에 들어간다.

어촌계의 총인원은 90명이고 총대(總代)는 어촌계장을 포함하여 11명인데 이 총대가 의결 기관이 된다. 어촌계의 총대 회의에서 제관을 선정하고 제비(祭費)를 결정하면 제관은 제사에 필요한 모든 제물을 준비한다.

사제무와 별신굿 계약

별신굿을 하기 위해서는 먼저 사제무를 정한다. 마을과 사제무는 별신굿 사제 비용과 굿에 따르는 여러 가지 사안을 협의하고 별다른 의견이 없으면 양측은 비용에 대해서 계약을 한다.

동해안 지역의 별신굿 사제무로서 가장 유명한 사람은 김석출(金石出, 남, 76세)이다. 김석출 외에도 몇 사람이 개별적으로 팀을 이루어 별신굿을 맡아 하기도 하지만 그들도 대부분 김석출과 친족 관계에 있고 김석출이 굿을 맡을 때에는 그 사제무 집단의 일원이 되어 같이 행동한다. 그래서 동해안 지역의 대부분 마을에서는 김석출에게 연락을 하고 굿을 맡긴다.

김석출은 전형적인 세습무가(世襲巫家)에 태어난 세습무(世襲巫)로

지씨골맥이당 본당이 되는 지씨골맥이당은 마을 안쪽에 위치하며 오래 된 큰 소나무를 당으로 모시고 있다. 강사리. (위)

서씨골맥이당 바닷가 언덕의 암벽 앞에 담을 둘러 쌓고 상석 위에 긴 소나무 토막을 신체로 모셔 놓았다. 강사리. (아래)

현재 그의 부인뿐만 아니라 딸들과 사위들도 거의 무업에 종사하고 있다.

별신굿을 맡았을 때 사제무 일행을 총지휘하는 책임자를 금줄이라고 한다. 금줄은 마을과의 굿 계약에서부터 사제무를 편성하기까지의 권한과 책임을 진다. 사제무 일행은 보통 15명 내지 20명 정도로 편성되며 김석출 내외를 중심으로 그의 딸과 사위, 형수, 제수, 조카 등의 친족 집단으로 형성된다.

계약은 계약서 없이 사제무 일행의 금줄과 이장, 어촌계장 등 마을측 대표 사이에 이루어지는데 이때 마을 어촌계 총회의 대의원 격인 총대들이 입회(立會)한다. 이렇게 별신굿의 사제비를 결정하고 계약금 일부를 선불하며 나머지 금액은 별신굿이 완전히 끝난 뒤에 지불한다.

제당과 신

강사리에서는 당(堂) 명칭을 제당, 동제당으로 부르는데 마을 공동 제사를 드리는 당이 지씨골맥이당이고, 바닷가 쪽에 있는 서씨골맥이당은 서씨 후손들이 제사를 올리는 곳이다.

본당이 되는 지씨골맥이당은 마을 안쪽에 위치하고 있다. 강사리 마을은 바닷가를 따라 길게 자리잡고 있어서 마을 안쪽으로 조금만 들어가면 낮은 야산으로 연결된다. 지씨골맥이당은 야산으로 이어지는 마을 안쪽의 작은 길 옆에 있는데 오래 된 큰 소나무를 당으로 모신다. 소나무 주위로 담이 둘러싸여 있어 제장으로서의 공간이 확보되어 있고 또한 제물 준비도 할 수 있게 되어 있다.

서씨골맥이당은 바닷가에 닿는 언덕 한 끝 암벽 앞에 지씨골맥이당처럼 담을 쌓아 제사 공간을 만들었는데 그 안쪽에 상석(床石)을 만들어 놓고 상석 위에는 팔뚝보다 좀더 굵고 긴 소나무 토막을 돌담에 기대 놓았다. 이 나무가 서씨골맥이당의 신체로 모셔지고 있다. 이 신체는 별신굿이 있을 때마다 다시 베어와 새로운 골맥이신으로 모시고 이제까지 신체로 모셨던 소나무 토막은 용왕제 때 바다에 던진다.

당신은 조상 골맥이님으로 본당(本堂)의 제사 때에도 신위는 모시지 않고 제상(祭床) 3개를 마련하는데 대상 신은 지씨골맥이님, 서씨골맥이님, 김씨골맥이님이다. 그러나 세 분의 신 가운데 본당의 주신(主神)은 지씨골맥이님이다.

자정의 당제사

강사리에서는 별신굿이 있는 해에도 별신굿 전날 밤에 당제부터 지내는데 우선 제관 선정에서부터 시작된다. 먼저 이장과 어촌계장이 협의하여 제사 일자를 잡고 제관을 물색한 뒤에 제사 한달 전에 어촌계 총대 회의에서 제관을 결정하고 제사 비용의 액수도 결정한다.

제관으로 제주 1인, 집사(執事) 2인이 선정되면 이를 본인에게 통지하고 본인은 대개 이를 받아들인다. 제관은 부정(不淨)이 없는 깨끗한 사람이어야 하며 제관으로 선정된 사람은 그날부터 한달 동안 궂은 곳을 삼가고 매일 2회(아침과 저녁) 바닷물에 목욕을 하는 금기(禁忌) 생활에 들어간다. 제관들은 당제가 끝난 뒤에도 일년 동안 궂은 곳을 삼가며 금기를 지켜야 한다.

제물은 제주(祭主)가 책임지며 어촌계로부터 돈을 받아 당제사와 무굿 제사에 쓰일 제물을 준비한다. 제물은 메, 흰떡, 쇠고기 산적, 생선 산적, 나물, 과일, 탕, 생선구이 등을 고루 갖춘다. 특히 제주(祭酒)는 제사에 사용될 만큼의 양을 3일 전에 작은 오지항아리에 담아 당소나무인 신목(神木) 아래 묻고 그 위에 청송(靑松) 가지를 꺾어 덮어 놓는다. 제주는 막걸리같이 탁하고 약간 단맛이 난다. 강사리는 다른 지역에 비해 제물이 풍성하고 다양한데 그것은 세 골맥이님에게 각자 상을 차리기 때문이다.

또한 제사 음식을 만드는 데 있어 특이한 점은 당 안의 소나무 옆에 둥글게 땅을 파서 즉석 화덕을 만들어 그곳에 참나무 불을 피우고 그 위에 얹어 고기, 생선 등을 현장에서 익힌다는 것이다. 동제를 지내는 날 오후부터 제관 3인은 직접 불을 피우면서 고기, 생선 등을 익히고 해질 무렵 5시 30분경에 제상을 차린 뒤 백지로 덮어 놓는다. 그 뒤 제관들은 교대로 당을 지키면서 제사 전에 다시 바다에 나가 목욕을 한다.

자시(子時)가 되면 제관들은 도포에 갓을 쓰고 자정을 기해 제사를 시작한다. 먼저 향로에 향을 피우고 향탁(香卓)에만 제주(祭酒)를 올린다. 제주(祭主)와 집사 한 명이 1배(拜)한 뒤 각 제상에 잔을 올리고 엎드려 있는 동안 집사 한 명은 독축을 한다. 독축이 끝난 뒤 2배 한 다음 다시 잔을 갈고 2배 한다. 도합 5회를 되풀이하는데 마지막에는 메〔밥〕에 수저를 꽂고 3인이 같이 2배 한다.

이렇게 하여 당 주신인 골맥이님에 대한 제사를 마치면 다시 제상을 반대로 돌려 헌작(獻爵)하고 먼저 2인이 2배를 한다. 다시 잔을 갈고 3인이 2배 한 뒤 소지(燒紙)를 올린다. 소지를 다 하면 제사는 완전히 끝나고 제관은 음복을 하고 제물을 거둔다. 아침이 되면 마을 사람들 모두가 회관에 모여 음복을 한다.

강사리 당제의 특이한 점은 제당이 두 곳 있으나 지씨골맥이당의 제물만 마을에서 준비하고 서씨골맥이당의 제물은 마을의 서씨 후손들이 준비하며 당제를 주관한다는 점이다. 대체로 동제는 지연성(地緣性)을 띠고 있는데 서씨골맥이당은 혈연성을 띠고 있는 점이 특이하다. 그렇다고 서씨 문중(門中)의 사당(祠堂) 형태를 이루고 있는 것도 아니고 명칭도 동제당이며, 서씨네라도 이 마을을 떠나 버리면 제의와 관련이 없게 된다. 신체도 생나무 토막을 비스듬히 기대어 놓고 있어 현존하는 당제 형태로서 특이하다고 할 수 있다.

굿 당

굿당은 거의 바닷가에 자리를 잡고 모래와 돌을 고른 뒤 기둥을 세우고 차일(遮日)을 쳐서 만드는데 굿당 안의 제단(祭壇)은 바다 쪽으로 꾸민다.

차일을 치는 것도 그날의 기후 형편과 마을 관습에 따라 제단 위에만

굿당의 전경 바닷가에 자리를 잡고 모래와 돌을 고른 뒤 기둥을 세우고 차일을 친다. 제단은 바다 쪽을 향하게 한다. 강사리.

굿당 안의 제단 자연적인 나뭇가지를 이용하거나 통나무 토막 2, 3개를 엇갈리게 묶어 양쪽에 세우고 그 위에 널빤지를 얹어 만든 개상 형태의 제단이다. 강사리.

차일을 치고 나머지 굿 공간은 임시 울타리 형식으로 만드는 경우도 있고 굿당 전체를 천막 쳐서 굿 공간을 만들기도 한다. 그러나 어느 경우에도 제단은 3, 4척 높이로 높게 꾸민다.

강사리 마을 별신굿의 제단은 아주 특이한 형태로 경북 지방 일원에서 흔히 볼 수 있는 '개상'과 비슷한 모습이다. 개상은 자연적인 나뭇가지를 이용하거나 통나무 토막 2, 3개를 엇갈리게 묶어 양쪽에 세우고 그 위에 긴 널빤지를 얹어 곡식이나 채소 등을 건조할 때 사용하는 것을 말한다. 이는 야외 제단의 원초적 형태를 유지하고 있는 것으로 볼수 있다.

강사리 별신굿에서는 긴 대나무 가지에 한지를 묶고 그 위에 생선(가자미 등) 한 마리를 매단 괫대를 굿당 밖에 세우고 제단 앞에는 '당거리'만 걸어 놓을 뿐 별다른 장식을 하지 않는다. 그러나 동해안 지역의

괘등 긴 대나무 가지에 5색 종이로 만든 등을 높이 달아서 굿당 밖에 세운다. 학리.

다른 마을에서는 용선(龍船)이나 탑등(塔燈), 넋전 등 많은 지화를 장식하기도 한다. 또 괫대에는 5색 종이로 만든 화려한 괘등(掛燈)을 달기도 한다. 강사리 외에 주문진읍이나 일광 칠암리 등의 별신굿과 같이 꽃이 없는 마을도 있지만 대체적으로 지화 4, 5송이에서 15송이 정도를 만들고 용선도 만들어서 장식한다.

일반적으로 별신굿을 장식하는 지화류는 한지를 염색하여 꽃잎을 만들고 그 잎들을 붙여 꽃을 만든다. 연화, 당국화, 작약, 다알리아, 산

지화를 이용한 제단 장식　별신굿에서는 일반적으로 한지를 이용하여 여러 가지 꽃을 만들어 제단을 아름답게 장식한다. 학리.

함박, 가시게북당, 춘하작약, 고동춘화, 덤불국화, 사계화, 살잽이꽃, 박꽃 등 여러 종류가 있다.

　이 꽃은 각 존신들이 좌정(座定)한 굿단을 아름답게 하고 존신들이 다시 돌아갈 때 선물로 가져가도록 바쳐지는 것이며 제단 가장 안쪽에 장식한다.

별신굿 과정과 내용

　제의가 시작되는 날 이른 아침, 동네 청년회에서 마을 앞 바닷가의 모래와 돌을 고르고 기둥을 세운 뒤 차일을 치고 제단을 꾸미는 동안 무당들은 아침 식사를 끝내고 무복(巫服)으로 갈아 입고 무악기(巫樂器)를 챙겨 굿당에 나온다. 굿당에 나오자마자 남무(男巫)들은 악기를 울리기 시작하고 그 사이에 무녀가 나와 바가지에 물을 떠서 신칼에 적셔 뿌리며 바다 쪽에 물을 버린다.

같은 행동을 세 차례에 걸쳐 되풀이하고는 짚단에 불을 붙여 제단 앞에 한 번 휘저은 뒤 밖으로 버리고 왼손에 손수건, 오른손에 부채를 들고 느릿하게 두세 번 원무(圓舞)를 한 다음 제단 앞에 허리를 굽혀 절을 올리면서 부정굿에 들어간다.

부정굿을 마치면 활옷 형태의 승복(僧服)을 입고 머리에 고깔을 쓴 뒤 다시 일월맞이굿에 들어가며 끝날 무렵 노래 없이 춤을 추다가 자리

부정굿 본굿에 들어가기 전에 굿당의 제단을 정화하는 굿이다. 물 담은 바가지를 들고 신칼로 물을 찍어 제단 주변에 뿌린다. 강사리.

에 앉아 쾌자끈을 풀러 발에 걸고 새끼 꼬는 시늉을 한다. 그리고 다시 일어나서 격렬하게 양손을 흔들며 춤을 추다가 악기가 격렬하게 울리기 시작하면 무녀는 양손에 바라를 들고서 바라춤을 춘다. 이 춤을 끝으로 일월맞이굿이 끝난다.

막간을 두고 다시 골맥이서낭굿으로 들어가는데 역시 처음엔 느릿한 원무가 시작되고 제단에 절을 올린 뒤 굿에 들어간다. 무가가 끝날 때에는 음악이 격렬해지고 음악에 맞춰 춤을 추다가 끝나게 된다. 특히 골맥이서낭굿에서는 굿이 끝나기 직전에 이장, 어촌계장을 불러내어 술잔을 권하고 축원한 다음 음복을 시킨다.

골맥이서낭굿이 끝나면 현장에서 준비해 온 점심을 먹고 잠시 휴식을 취한 뒤 당맞이굿에 들어간다. 본당인 지씨골맥이당으로 떠나기 전에 본굿당에서는 남녀 무당들이 모두 일어선 채 격렬하게 악기를 울린다. 굿을 사제할 무녀는 북어와 신칼을 들고 춤을 추면서 제관과 이장, 어촌계장 등 풍어제를 추진한 마을 주역들을 끌어들인다. 무녀는 '어허!' 하고 소리를 높이고 양손을 좌우로 흔들다가 팔을 벌리며 환영의 뜻을 표하고는 주전자와 잔을 들고 이들에게 차례로 술잔을 권한다. 술잔을 다 돌린 다음 민요조(民謠調) 소리를 한 곡 하는데 그 소리에 맞춰 모두 춤을 추면 굿당은 잠시 춤판으로 변한다.

한판 춤이 끝나면 앞에 백지속과 가자미 생선 한 마리를 묶어 단 괫대(신대)를 앞세우고 동제당으로 간다. 그 뒤에 쇠머리와 약간의 제물을 준비한 화주 부인이 따르고 다음에 무당 일행과 제관, 이장, 어촌계장 그리고 마을 사람들이 열을 지어 따른다. 무당들은 당으로 가는 동안 쇄납, 꽹과리, 징 등의 악기로 소리를 높인다.

당에 도착하여 악기(樂器)를 크게 울리는 동안 쇠머리를 위주로 한 제물을 차려 놓는다. 곧 이어 청배굿(할배 청배)을 시작하고 청배굿이 끝나면 계속해서 장수굿으로 들어간다. 장수굿 끝판에 무녀는 무가 없

지씨골맥이당 당맞이굿 당에 도착하여 악기가 울리는 동안 쇠머리를 위주로 제물을 차려 놓는다. 강사리.

이 격렬한 음악에 맞춰 춤을 추다가 쇠머리에서 칼을 뽑아 들고 빠른 속도로 계속 격렬한 춤을 춘다. 이때 제관들은 제단에 절을 하고 다른 무녀 한 사람은 제단 앞에 앉아 손을 비비며 축원을 한다.

춤을 추던 무녀는 칼을 다시 쇠머리에 꽂고 양푼을 입에 문다. 입에 문 양푼이 떼어지지 않으면 여러 무녀와 제관이 도와주어 떼어 내고 잠시 숨을 돌린 뒤 제주와 다른 제물들을 당소나무 뒤쪽에 고수레하면 장수굿이 끝난다.

다른 무녀 한 사람이 마을의 주역들에게 술잔을 한 차례 돌리고 이어 강신(降神)에 들어간다. 마을의 한 남자가 대를 잡고 무녀가 강신을 기원하면 대를 잡은 마을 사람의 손이 떨리기 시작한다. 이어 해변에 있

지씨골맥이당의 당맞이굿 마을의 한 남자가 대를 잡고 무녀가 강신을 기원하면 대를 잡은 마을 사람의 손이 떨리기 시작한다. 강사리.

는 서씨골맥이당으로 옮겨 본당에서와 똑같은 절차로 당맞이굿을 끝내고 용왕제(龍王祭)로 들어간다.

서씨골맥이당은 동제당이면서도 서씨 집안에서 관리하고, 제물도 준비하나 서씨 문중만의 제사는 아니다. 마을 사람들이 함께 참여하며 별신굿에서 가장 중요한 제물인 쇠머리도 그대로 옮겨 오고 서씨 집안에서도 약간의 제물을 준비하여 같이 올린다.

특기할 만한 것은 서씨골맥이당의 신체와 용왕제이다. 이 당의 신목은 소나무 중간 부분으로 1.5미터 길이의 나무토막이다. 이 통나무를 당 안쪽의 벽에 비스듬히 기대어 놓고 당의 신체로 삼는데 다음 별신굿이 있을 때까지 그대로 모셔 두었다가 다음 별신굿 때 새로운 신목을

서씨골맥이당의 신체와 용왕제　신체로 모셔 두었던 신목은 당 밖에 세워 두었다가 당맞이굿이 끝나면 바닷가에 가지고 나가 간단한 제상을 차려 놓고 용왕제를 지낸다. 강사리.

마련하여 바꾼다. 그 동안 신체로 모셔 두었던 신목은 당 담 밖에 세워 두었다가 당맞이굿이 다 끝나면 바닷가에 가지고 나가서 물가에 놓고 그 신목 앞에 간단한 제상을 차려 놓고 용왕제를 지낸다. 마지막으로 소지를 올리고 용왕제가 끝나면 신목을 바다에 던진다. 신목을 바다에 던질 때 '서낭님과 용왕님 화해 동참하시오' 하고 축원한다.

　이 용왕제 역시 무녀가 사제하지만 별신굿의 제관이나 별신굿의 추진 주역들은 참석하지 않고 서씨 집안에서만 참석하여 용왕제를 지낸다. 용왕제가 끝나면 저녁 식사에 들어간다. 저녁 식사 역시 본굿당에서 하는데 제관 집에서 준비해 온다.

　강사리 별신굿은 밤을 꼬박 세우며 하기 때문에 굿당 안에 있는 사람

들에게 간단한 저녁 식사를 대접한다. 그 동안 굿당 밖에서는 사람들이
불을 피우기 시작한다.

곧 이어 청좌굿에 들어간다. 무가가 끝나고 굿이 끝날 무렵 무녀는
음악에 따라 처음에는 서서히 춤을 추다가 차차 격렬하게 춤을 춘 뒤
춘향가 등을 부르고 나면 굿이 끝난다. 청좌굿에서의 춤은 높이 뛰는
춤으로 특히 격렬하여 관중들로부터 많은 박수를 받는다.

다음 화해굿을 거쳐 각댁성조굿으로 들어가는데 역시 느리게 원무를
하다가 제당에 두 번 절을 하고 시작한다. 무녀가 성조굿 중간에 앉았
다 섰다 하며 농악춤 비슷하게 춤을 추면 관중석에 있던 노인들이 일어
나 제자리에서 흥겨운 듯 춤을 춘다. 또 다른 무녀 한 사람이 일어나
손뼉치기를 유도하면 관중석에서는 무가에 맞춰 다 같이 손뼉을 친다.
이렇게 흥이 돋우어지면 여기저기서 시줏돈이 나온다. 굿 마지막에 성
주풀이가 끝나면 대중 가요를 부르기도 한다.

다음, 천왕굿으로 들어가기 전에 밤참을 먹는데 청년회 대원들이 감
을 봉투에 넣어 구경하는 마을 사람들에게도 나누어 준다. 밤참을 마치
면 천왕굿을 다시 시작한다. 천왕굿 중간에 무녀는 무가를 잠시 그치고
술잔을 들고 제관 쪽에 가서 술잔을 권한다. 천왕굿 끝에는 양반을 풍
자하여 골리는 내용의 원님놀이가 있고 이어 춘향놀이로 넘어가서는
현대판 쇼처럼 진행되어 웃음을 자아내고 재미를 느끼게 한다. 끝날 무
렵에는 관중석으로 시줏돈을 걷으러 다니는데 다 걷고 나면 축원을 해
주고 굿을 끝낸다.

자정이 되면 심청굿이 시작된다. 심청굿은 4시간 동안이나 계속되는
데 굿이 끝나면 무녀는 손대(팔 길이 만한 가는 대나무에 엉킨 듯 오린
백지 술을 매달은 것)를 들고 관중석을 다닌다. 그러면 여기저기서 손대
의 백지 술에 돈을 묶어 준다. 심청굿이 끝나면 범굿으로 이어지는데
범굿은 일종의 범탈놀이로서 남무 한 사람이 사제하고 범과 포수가 등

장하여 짤막한 놀이 형식으로 이끌어 간다.

영덕군 일대의 별신굿에서는 범굿이 대부분 들어가고 영일군 일부 지역과 월성군의 감포에서도 별신굿 때 범굿을 한다.

범굿에 바로 이어 손님굿과 걸립굿 그리고 용왕굿이 다른 굿거리와 거의 동일한 형식으로 진행되는데 이때 무녀는 오른손에 부채 대신 주로 신칼을 든다. 용왕굿이 끝나면 아침을 맞이하게 된다.

제관 집에서 아침 식사를 하고 잠시 휴식한 뒤에 마지막 순서인 대거리에 들어간다. 대거리 때에는 제단을 모두 치우고 상에 올린 쇠머리와 메 한 그릇 생채 한 접시만 차려 놓는다. 대거리는 남무가 사제하는데 판소리의 사설조 형식으로 이끌어 간다.

먼저 오른손에 신칼을 들고 마을 사람들 가운데 사장(査丈) 어른과 사촌을 정하여 앞에 나오게 하고 사장 어른과 사촌을

대거리굿 대거리는 남무(男巫)가 판소리의 사설조 형식으로 이끌어 간다. 오른손에는 신칼을 왼손에는 바가지를 들고 음식을 떠서 바다 쪽에 고수레한다. 강사리.

골려 욕보인다.

오른손에는 신칼을 왼손에는 바가지를 늘고 천왕문을 열어 각 귀신을 먹이는데 그때마다 바가지에 허드렛밥(큰 함지박에 메, 탕, 나물 등을 버무려 섞은 것)을 떠서 바다 쪽에 '영정 부정 물알로' 하며 고수레를 한다.

남무는 여복(女服)을 하고 마을 사람들 가운데 사돈을 정하여 며느리 흉내를 내는데 오줌 바가지를 이고 가는 모습, 물길어 오는 모습, 밭에 거름을 주다가 모자라서 자기 오줌으로 밭고랑에 거름 주는 모습 등을 아주 선정적(煽情的)으로 흉내내고 굿판은 와자지껄 웃음이 인다. 그리고 동네 귀신 액막이하라고 다시 음식을 한 바가지 떠서 바다 쪽에 고수레한다. 연이어 각 집의 조상(祖上), 수부사자, 배 타고 나갔다가 죽은 귀신, 전쟁에서 죽은 귀신, 약 먹고 죽은 귀신 등을 먹여 보낸다.

끝으로 다시 치마를 입고 짚단으로 만든 아기를 치마 속 사타구니에 끼고 산모 역을 하는데 이 역시 선정적이다. 이때 남무는 남아(男兒)를 낳게 되는데 짚단으로 만든 아기는 남근(男根)이 돌출되도록 만든다. 태어난 아기는 곧 바람을 맞아 죽게 되어 매장하는 것으로 이야기가 전개된다. 짚으로 만든 아기는 굿당 밖에 내보내어 불에 태워서 순산(順産)을 위한 악마 액귀 먹임을 하고는 대거리를 끝낸다.

대거리가 끝나면 그때까지 굿당 안을 지키고 있던 마을 사람들도 모두 일어나 자리를 뜨기 시작한다. 굿이 다 끝나고 남무들만 남아서 마을 뒷산에 쇠머리를 묻으러 간다. 이때 악기를 잠시 울리다가 서낭대를 앞세우고 그 뒤로 쇠머리와 삽을 든 어촌계장, 제관, 이장 등 몇 명이 줄을 서서 뒷산으로 올라가 일정한 장소에 쇠머리를 묻는다. 쇠머리를 묻음으로써 강사리의 별신굿은 완전히 끝이 난다.

별신굿에서 가장 중점이 되는 것은 굿거리이다. 무의(巫儀)는 곧 한

거리 한 거리씩 굿을 해나가는 과정이며 여기에 맞춰 무복이나 음악에 약간씩 변화를 가져오기도 한다.

앞에서도 이야기한 바와 같이 이 굿 석수(굿거리를 세는 수)는 원래 12거리였으나 근래에는 내당(內堂)굿 외당(外堂)굿 등의 명칭을 붙여 굿거리 수를 늘리기도 하며 33에서 34거리까지 만들기도 한다.

강사리 별신굿의 굿거리 종류와 성격은 이미 앞에서 밝힌 바 있지만 굿 자체의 내용을 다시 한 번 간단히 소개하면 다음과 같다.

부정굿

본굿이 들어가기 전에 굿당의 제단을 정화하는 서제(序祭)로서 바가지에 물을 떠서 들고 신칼로 물을 찍어 제단 주변 사방에 뿌리고 짚단에 불을 붙여 제단 앞을 한 번 휘둘러 밖으로 버린다. 이것은 물과 불 그리고 신칼로 부정살을 정화하는 굿이다.

일월맞이굿

바다 쪽에서 해가 뜰 무렵 고깔을 쓰고 승복을 입은 무녀가 바다를 향해 징을 치면서 절을 하고 중타령을 부르면서 행운과 수명 장수(壽命長壽)를 기원하는 굿이다.

골맥이서낭굿

골맥이님에게 재수 있고 부귀 다남(富貴多男)하고 소원 성취(所願成就)하도록 기원하는 굿인데 무녀는 제주나 마을 대표인 이장, 어촌계장 등을 정화해 주고 축원해 준 뒤 술잔을 권하여 음복하게 한다.

당맞이굿

당에 서낭대를 들고 가서 제사를 지내고 신을 내리게 하여 모셔 오는 굿이다. 당이 여럿 있을 경우는 당마다 찾아가서 신을 맞이한다.

청좌굿

각 존신을 굿당에 청배(請陪)하여 제단에 좌정시키는 굿이다.

화해굿

여러 존신들을 굿당에 청하여 모셨으니 화해 동참시키는 굿이다.

각댁성주굿

성주굿은 제비원에서 솔씨를 받아 솔씨를 심는 것부터 시작하여 나무에 물을 주어 키우고 대목들을 팔도 유람시키며 나무를 잘라 집을 짓고 온갖 세간 갖추고 사는 데까지의 내용을 담은 굿으로 성주님을 위한 굿이다.

천왕굿

옛날 고을을 다스리던 원님의 넋을 달래 주기 위한 굿이라고 하는데 정작 원님놀이에서는 양반을 골려 주는 등 양반을 풍자하는 내용이다.

심청굿

눈병을 없게 해주고 노인들의 눈을 밝게 하며 또 어부들의 눈도 밝아지라고 하는 굿이다.

강사리의 별신굿에서는 0시 46분부터 새벽 4시 50분까지 장장 4시간 남짓 굿을 하는데 이 심청굿 때문에 노인들은 가지 않고 꼬박 밤을 새기도 한다. 심청굿에서는 굿당의 많은 노인들을 눈물짓게 하는데 굿을 사제하는 무녀 자신도 눈물을 흘려가며 한다.

심청굿은 다른 악기는 모두 쉬고 장구 반주만으로 진행한다.

범굿

범굿은 영덕 지방 일대와 그 외 일부 지역에서만 행하는데 이 지역들은 옛날 호환(虎患)이 많았던 곳이므로 호환이 없도록 하는 굿이다. 현재는 호환을 당하는 일은 없으나 마을 전통에 따라 범굿을 하고 있다. 범굿의 사설을 보면 다음과 같다.

삼각산을 건너 지리산을 지나서 어허어~아
대동강을 찾아들고 어허~아 강사리 대동안에
드글드글 넘어서야 찾아서 왔고나~야
가보자 걸어보자 왔는데 인제 이 강원도의
이 범을 잡아야 될거라
　　　　　　　　　　　　　-중략-

현지에서는 범탈(또는 호탈)이라고 하지만 얼굴만을 가리는 탈〔假面〕이 아니고 일종의 종이 호피(虎皮)로 머리에서부터 발까지 뒤집어쓰게 되어 있다.

범탈놀이에서는 범이 굿당 밖에서부터 나타나 주변을 기어다니다가 굿당 안으로 머리를 내밀었다가는 다시 숨는다.

제단 옆에 묶어 놓은 닭을 입으로 물었다 던

범굿　범굿은 일종의 범탈놀이로 남무 한 사람이 사제하고 범과 포수가 등장하여 짤막한 놀이 형식으로 이끌어 간다. 강사리.

진 뒤 다시 닭을 물고 가려는 순간 포수가 총을 쏘아 범을 쓰러뜨린다. 포수가 호피를 벗기기 위해 배에 칼을 넣어 머리 쪽으로 배를 가르면 얼굴이 나오고 호피가 벗겨진다. 포수는 동장에게 호피를 팔고(돈표로 2백만 원) 이장이 제관에게 호피를 넘겨 주면 제관은 굿당 밖 물가에서 호피를 태우면서 굿을 끝낸다.

손님굿

손님 즉 두신(痘神)에게 천연두(天然痘)를 앓지 않게 해달라고 비는 굿이다.

걸립굿

무조(巫祖)로 여기는 제면 할머니를 위하고 무당들을 축원하는 굿이다.

손님굿 부채와 수컷 손대를 들고 천연두를 앓지 않게 해달라는 굿을 한다. 강사리.

황제굿

황제 헌훤씨는 배를 만들어 고기잡이를 할 수 있도록 해주고 또 사람의 힘으로는 건널 수 없었던 바다를 임의로 다닐 수 있도록 해주었고, 복희씨는 어망을 만들고 남녀 음양의 조화를 이루게 하였다. 그래서 지금 고기를 잡게 되고 먼 바다를 통래하게 되었으므로 그 배를 내놓은 황제를 축원하는 굿이다.

대왕굿

대왕굿은 울산과 부산 사이의 지역에서 주로 행하여지는 굿이다.

사람이 죽으면 모두 염라국 대왕전(大王前)에 가서 어디로 보내질지 심판을 받게 되기 때문에 우리가 살다가 죽으면 좋은 데로 보내달라고 비는 굿이다.

부인곤밧굿

이 굿 역시 울산과 부산 사이의 지역에서만 볼 수 있는 굿이다.

부인곤밧굿은 동네 부인들이 제일 모범적인 부인 곧 효부(孝婦), 열녀(烈女)가 되라는 굿이다.

용왕굿

먼저 용왕님을 위하고 바다에서 죽은 귀신을 위해 고기를 많이 잡게 해달라는 굿이다.

꽃노래굿

여러 가지 꽃을 만들어 서낭님과 각 존신들 앞에 장식하고 만든 꽃이름을 지어 부르니 존신들이 꽃을 선물 받아서 극락에 돌아갈 때 가지고 가도록 하는 굿이다.

뱃노래굿

뱃노래는 별신굿과 오구굿에서 같이 부른다. 별신굿에서는 용왕굿에서와 같이 먼저 용왕님을 위하고 받들며 고기잡이 나가거든 무사하게 해주고 수천 수만 마리의 고기를 잡아서 소망을 이루게 해달라는 굿이다.

등노래굿

등 만드는 과정이 노래에 나온다. 석가세존(釋迦世尊)을 위하고 각 존신들을 위해서 등(燈)과 등노래를 바치는 굿이다.

대거리굿

제의 마지막 굿거리로서 큰굿 잔치에서 굿당에 못 들어온 잡신(雜神)들 곧 어부로 바다에서 죽은 귀신, 전쟁에서 죽은 귀신, 순산을 막는 액귀(厄鬼), 약 먹고 죽은 귀신 등을 불러서 먹여 보내는 굿이다. 여러 가지 복합적인 내용으로 대단히 풍자적이고 해학적인 굿이다.

이 굿이 끝나면 남무들이 뒷산에 가서 쇠머리를 묻는다. 쇠머리를 묻는 것은 호환 예방을 위한 뒷전 형식으로 사람 대신 쇠머리를 가져가라고 묻는 것이다.

무복·무구·무악기

무복은 조선시대의 관복(官服)·군복(軍服)·승복에서 비롯된 것으로 보고 있다.

강사리 별신굿에서 차려 입은 무녀의 일반적인 복장은 백색 또는 은회색의 한복 위에 남색 쾌자를 입고 허리에 띠를 두르고 머리끈을 묶었는데 때로는 남자의 갓을 쓰기도 하고 녹색과 홍색으로 된 몽두리 형태

의 승복을 입을 때에는 종이 고깔을 쓰기도 한다. 또 머리에 쓰는 화관
도 있는데 이는 주무(主巫)만이 사용한다.

무구(巫具)로는 부채·신칼·놀이칼·명도(明圖) 등이 있다. 무당은
제의 때에 여러 가지 무구와 함께 부채(합죽선)를 사용한다. 부채는 강
한 색채로 부처가 그려져 있으며 손잡이 끝에는 짧은 헝겊(포편)이 매
어 있다. 무당은 굿거리 중간중간에 부채 대신 신칼을 들고 춤을 추는
데 무쇠로 된 이 신칼은 앞부분 반은 칼날로 되어 있고 뒷부분은 나선
형으로 가늘게 꼬인 손잡이로 되어 있으며 손잡이 끝에는 끈을 끼울 수
있도록 고리처럼 되어 있다.

놀이칼은 신칼보다 약간 적고 칼끝이 없이 반듯하게 끊겨 있다. 손잡

당맞이 성주굿 무복 백색 한복 위에 남색 쾌자를 입고 허리에 띠를 두르고 머리끈을 묶
는다. 때로는 남자의 갓을 쓰기도 하고 종이 고깔을 쓰기도 한다. 강사리.

이 끝 고리에는 디림전(백지 수술)이 길게 달려 있다. 이 놀이칼은 계문굿에서 달넘기 춤을 출 때 양손에 들고 사용한다.

명도는 무당이 수호신으로 위하는 놋쇠 거울인데 명두라고도 한다. 한 면에는 일곱 개의 별과 초승달이 양각되어 있다. 7개의 별은 칠성(七星)에 명(命)을 빈다는 의미이고 초승달은 초승에 공을 드린다는 의미이다.

동해안별신굿에서 무악기로는 장구와 꽹과리·징·북·제금·호적이 주를 이룬다. 예전에는 이외에도 해금·대금·피리 등도 사용하였다.

특히 장구는 여러 지역의 제의를 사제하고 다니는 이들이 휴대하기에 편리하도록 특별히 제작되었으며 도리목의 가운데 부분을 분해할 수 있어 더욱 간편하다. 도리목은 대개 소나무로 만들며 가죽은 개가죽으로 되어 있다. 장구에는 장구를 치는 열채와 큰채가 따른다. 장구는 무가와 춤에 다 같이 반주로 쓰인다.

꽹과리는 놋쇠를 두드려 만든 소형 악기로 손가락에 걸고 치게 되어 있다. 강한 음을 내어 분위기를 고조시키는 데 큰 역할을 하고 박자로서 전체 음악을 주도한다. 꽹과리는 때로 꽹과리틀(현지 명은 꽹쇠틀)에 매달아 사용하기도 한다. 꽹과리에는 꽹과리채가 따르는 데 40센티미터 정도 되는 대나무의 한 끝을 감아 사용한다.

징도 놋쇠로 두드려 만든 악기이나 꽹과리보다 대형이고 꽹과리의 고음 대신 저음을 내며 우렁차다. 징에 따르는 징채는 역시 대나무의 한 끝을 헝겊으로 둥글게 감아 사용한다.

제금 역시 놋쇠를 얇고 둥글게 하여 2개를 한 벌로 만든 악기인데 가운데 부분이 한 쪽으로 불룩하게 튀어나와 그곳에 끈을 꿰어 양손에 하나씩 들고 마주치게 되어 있다. 제금은 특히 춤을 출 때 반주로 사용한다.

호적은 쇄납이라고도 하며 근래에 사용하고 있는 무악기 가운데 유일하게 독주(獨奏) 취악기(吹樂器)이다. 나무 대통에 피리나 퉁소같이 구멍을 뚫고 끝에는 나발을 부착한다.

동해안별신굿의 특징

동해안별신굿의 무속 음악은 어사위조 음악인데 이 어사위조는 어려우면서도 구성진 것이 특징이다. 그래서 이 무가를 부르는 사람은 창(唱)을 할 수 있어도 창을 하던 사람은 무가를 쉽게 부르지 못한다고 한다. 또한 어산성(漁山聲) 음이라 하여 범패성 염불이 있는데 이것은 물에서 물고기가 노는 몸놀림을 따라 흉내낸 곡으로 무가에서는 높은 수준의 곡(曲)으로 여기고 있다.

어사위조 음악 동해안별신굿은 축제적이면서 연희적인 요소가 두드러지는데 무가의 독특한 창법이나 가사의 내용은 듣는 사람으로 하여금 눈물을 흘리게 한다. 강사리.

뫼산자춤 양팔을 수평으로 올린 상태에서 팔꿈치에서부터 다시 위쪽으로 꺾을 때 머리와 양팔이 뫼산자 모양이 된다. 학리.

　무속 음악의 장단에는 푸너리 장단, 드렁갱이 장단, 제막수 초장, 이장, 삼장이 있는데 굿거리에 따라서 장단이 바뀌고 달라지게 된다.

　굿을 시작할 때는 드렁갱이 장단을 치고 초장, 2장, 3장이 되면 자진모리로 해서 서악(序樂)을 마치고 부정굿으로 들어간다. 특히 개인 오구굿에서는 쪼시개 드렁갱이를 쳐서 금오, 푸너리로, 푸너리를 쳐서 다시 쪼시개를 받아 드렁갱이를 쳐 올려 2장, 3장, 4장, 막장이 다 되면 자진모리로 마쳐서 유가족을 울리는 망령이 사라질 때 도장 장단이 나와 초장, 2장, 3장으로 초망자굿을 마친다.

이외에도 삼오동, 두나석이라는 장단과 거랑산 박자라고 하는 뫼산자춤 장단도 있다. 이 거랑산 박자는 징을 때려 나가고 징박(징 박자)을 살리면서 긴 가락을 겹쳐가는 것을 말한다.

동해안별신굿의 춤으로는 몇 가지가 있지만 이 가운데 연풍대춤, 달넘기춤, 뫼산자춤이 특히 유명하다. 연풍대춤은 무당들이 여러 명 나와 합주(合奏)와 합창(合唱)을 할 때 둘이서 서로 돌면서 등과 배를 맞추는 춤인데 이를 마주보고 아유짠다고 한다. 달넘기춤은 종이칼을 양손에 들고 휘저으면서 추는 것이 특징이다.

특히 뫼산자춤은 김석출의 부친인 김정수 형제가 추었고 김석출과 동생 김재출 두 형제가 전수를 받았으나 김재출이 사망하고 현재 김용택(남, 54세)이 전수받고 있다고 한다. 이 춤은 양팔을 수평으로 올린 상태에서 팔꿈치에서부터 다시 위쪽으로 꺾을 때 머리와 양팔이 뫼산자 형태라고 하여 생긴 이름이다.

동해안별신굿은 축제적이면서도 연희적인 요소가 있다고 앞에서도 이야기한 바 있지만 강사리 범굿의 전 과정을 통해 볼 때에도 화려한 무당 복장을 하고 부채와 손수건을 가볍게 들고 때로는 신칼을 사납게 든 채로 느렸다 빨랐다 하는 음악에 맞춰 춤을 추어 보는 사람을 매료시킨다. 무가의 독특한 창법이나 가사의 내용은 듣는 사람으로 하여금 눈물을 흘리게 할 뿐만 아니라 무당 자신도 스스로 감격하여 눈물을 흘리는 경지에 빠진다.

이는 곧 범굿이 제의인 동시에 무용과 음악과 가사 등의 종합 예술이요, 관객을 상대로 한 연극이기도 하다는 사실을 입증해 준다. 연극이라도 양반 계급인 사또나 가장 체면을 지켜야 하는 사장, 며느리, 그리고 사촌 등을 통해 세태를 풍자, 비판하면서 또한 눈물을 흘리게 하는 비극성(悲劇性)과 지루함을 감안하여 적절히 외설적(猥褻的) 사설과 몸짓으로 웃음을 유발시키는 흥미성을 동시에 갖추었다. 그러면서도 이 굿의 묘미는 궁극적으로는 눈물과 웃음까지도 마을의 액(厄)을 막고 마을의 평안과 행복을 기원하는 신앙적인 것으로 귀결시키는 데에 있다.

동해안별신굿의 강사리 범굿에서 보는 범탈놀이도 신적인 위치에 있는 산군(山君)인 호랑이에게 인간이 '호식(虎食)'을 당하였을 때부터 전래된 것이지만 호랑이와 포수의 두 주역이 연출하는 이 범탈놀이는 놀이이면서도 단순한 놀이가 아닌 신앙성을 띤 간절한 기원인 것이다.

강한 호랑이가 포수의 총 한 방에 쓰러져 껍질이 벗겨지는 장면은 사실적이면서도 대단히 상징적인 효과를 갖게 한다. 그러나 굿 끝에 사람 대신 쇠머리를 가져가라고 뒷산에 묻는 것과는 퍽 대조적이어서 위협과 회유로 마을 안전을 도모하려는 생활의 지혜가 나타난다. 이는 굿이 지닌 의미가 놀이의 차원을 떠나 신앙적이면서도 교훈적이라는 것을 느끼게 한다.

남해안별신굿

남해안별신굿은 통영과 거제도의 수산, 양화, 죽림포 마을을 중심으로 한산도, 사량도, 갈도 등 남해안 지역에서 행하여지는 마을의 풍어제이다.

이 별신굿은 각 마을마다 2, 3년 간격으로 지내오고 있으나 지금은 갈수록 해를 넘기게 되거나 축소되어 가고 있다.

남해안에서는 '당골'이라는 명칭과 함께 남부 지방 특유의 무당 천시 경향에 의해 세습무인 사제무 계승이 어려운 상황에 있으며 마지막 큰 무당인 정모연(여, 1915~1989년)도 몇 년 전에 세상을 떠났다. 현재는 예능보유자인 악사 정영만(남, 42세)과 별신굿을 우리의 전통 문화로서, 특히 예능적 측면에서 애정을 갖고 학습하고 있는 몇몇 사람의 젊은이들에 의해 그 명맥이 유지되고 있다.

마을과 제의 준비

남해안에서 다른 곳에 비해 별신굿이 대체로 잘 전승되고 있는 곳이 거제도라고 할 수 있는데 거제도의 수산, 양화, 죽림포 등의 마을도 근래에 와서는 별신굿을 하지 못하고 해를 넘기기도 한다. 위의 세 마을은 별신굿 해를 넘기지 않을 경우 같은 해의 정초에 연이어 하는데 예전에는 다른 지역에서도 그렇게 하는 것이 상례였다.

날짜는 수산 마을이 정월 초하루, 양화 마을이 정월 초이틀, 죽림포 마을이 정월 초사흘날로 연결되어 사제무는 한 마을의 굿을 마치고는 다음 마을로 이동하게 된다.

세 마을은 모두 주업이 어업으로 특히 굴 양식이 생업의 큰 비중을 차지한다. 이 가운데 죽림포의 경우는 농경지도 있어 농사를 주업으로 삼는 사람도 있다. 죽림포는 주민 500명에 94가구이고 선박은 2, 3톤 정도의 배가 50척쯤 있다.

죽림포의 굴 양식장은 앞바다에 3만 2천 제곱미터에 이르고 62가구가 공동으로 관리 수확한다. 어류로는 노래미, 도다리, 기타 잡어 등을 수확한다.

남해안별신굿의 놀이마당 한판 통영.

이곳 거제도 마을에서는 별신굿이 있기 이미 3개월 전에 마을의 유지들이 모여 1차 상의를 하고 보름 전에는 동회(洞會)에서 굿장모를 정한다. 그리고 굿장모를 도와 줄 수 있는 사람으로 3명 정도 정한다.

제사 비용은 이장을 보조하는 각 반장(보통 3개 반장)이 집집마다 돈을 거두어 이장에게 주면 이장은 일정 금액을 굿장모에게 주어서 제물을 준비시킨다. 제물 구입은 거제읍에 나가서 하며 제물을 구입할 때 값은 깎지 않는 것이 상례이다. 이러한 제의 진행 준비의 총책임자는 이장이다.

사제무와 담합

마을로부터 굿을 해달라는 요청을 받고 온 사제무 일행은 마을에 들어와서 먼저 점심을 먹고 마을측 대표와 굿 금액을 결정하기 위해 담합을 한다.

굿 금액이 타결되면 사제무 일행은 서낭대를 든 굿장모를 따라 당산으로 오른다. 이때 당굿에 차릴 제물과 지동궤(마을 공동의 재산 문서가 들어 있는 궤)를 든 사람도 함께 따른다.

이 지역 무굿의 주무(현지에서는 대모라고 함) 정모연은 거제도 거제읍에서 출생하여 18세에 한산도에서 어업을 하던 동갑내기 김상문에게 시집을 갔으나 31세 되던 해에 김상문이 배사고로 사망하자 10년 뒤에 19세 연상인 김성오와 재혼을 하였다.

정모연은 부모가 모두 세습무 출신이고 첫남편 김상문은 굿에 직접 관여하지는 않았으나 그의 부모도 역시 세습무였다. 그리고 두 번째 남편인 김성오는 젓대, 가야금의 명수인 양중(兩中, 악사들의 현지명)으로 굿판에서 알게 되어 결혼하였다. 정모연은 재혼한 김성오의 외가 쪽

정모연 남해안별신굿의 대모 정모연은 16세 때부터 무가 사설과 무굿 제사에 따르는 기예를 학습받기 시작하여 21세에 완전히 무굿 기능을 전수받았다. 수산.

으로 팔촌간인 김상조와 김윤희 남매로부터 거제에 소재하던 무당의 학습장인 신청에서 16세 때부터 무가 사설과 무굿 제사에 따르는 기예를 학습받기 시작하여 21세에 완전히 무굿 기능을 전수받았다. 따라서 20세부터 시작하여 사망하기까지 60년에 가까운 무굿 경력을 지닌 이 지역 별신굿의 일인자였다.

한편 이곳 별신굿의 뛰어난 양중(악사) 박복율(남, 1935~1987년)은 거제도 고현리에서 출생하여 모든 악기의 굿장단에 능한 부친 박경구로부터 피리, 대금 등 취악기 연주법과 꽹과리, 징 등 타악기 다루는 법과 굿장단을 학습받았고 특히 피리와 대금의 명인이었으나 몇 년 전에 사망하였고 현재는 정영만이 그 대를 잇고 있다.

또 하나의 뛰어난 양중 배중렬(남, 1922~1986년)은 남해군 난음리에서 출생하여 어린 시절 이후 통영에서 지내면서 박경구로부터 장구와 북, 잽이사설 거느름을 사사받았고 장구에 뛰어난 명인이었으나 배중렬 역시 몇 년 전에 사망하였다.

남해안별신굿은 별신굿 기예의 1인자로 자타가 인정하고 있는 정모연에 의해 그의 거주지인 통영시를 비롯해서 거제도와 사량도, 갈도(치리) 등 남해안 도서(島嶼) 일원에서 전승되어 왔다.

제당과 신

수산 마을의 경우 마을 뒤쪽의 고개 마루 위에 당숲이 있고 그곳에 있는 큰 소나무를 당소나무로 모시고 있는데 이곳이 제당이 되며 소나무는 신목이 된다. 이 당산의 신은 마을의 수호신으로서 주신이 되며 마을의 태평과 어로·양식·풍작 등 모든 사항을 관장하는 신이다.

양화 마을은 마을 앞에 큰 고목을 목신당(木神堂)으로 섬기고 있는데 이 당목(堂木) 옆에는 별신굿 때마다 긴 나무막대기 위에 나뭇가지 부분을 이용하여 철새인 오리 형태를 만들어 꽂은 솟대를 세워 놓는다. 이곳에서 솟대는 신 또는 영혼을 안내하고 인도하는 역할을 하고 있다.

마을 앞에는 바다를 끼고 야산이 자리잡고 있는데 그 산의 중턱쯤에 숲과 고목이 있다. 이 고목이 당산할아버지 당이며 마을에서는 산신님이라고도 한다. 당산할아버지나 목신은 모두 마을을 수호하고 복을 주는 신으로 여기고 있다. 그리고 당의 형태는 없으나 바닷가에서는 용왕제를 지내는데 용왕님은 풍어를 돕는 신으로 믿고 있다.

죽림포의 경우도 마을로 넘어오는 고갯길, 산이라기보다는 언덕인데 이 고갯길 바로 옆에 한 칸 정도의 콘크리트로 된 작은 당집이 세워져

솟대 신 또는 영혼을 안내하고 인도하는 역할을 하고 있는 솟대를 만들어 마을 입구나 당집에 세워 둔다. 양화와 죽림포에 소재.

있고 그 안에 비석 형태의 신체가 모셔져 있다. 신체의 맨 위쪽은 새끼로 묶여 있고 앞면에는 「大山祇神社」라고 씌어 있는데 마을에서도 그 명칭에 대해서는 잘 모르고 있다. 다만 당산할아버지는 다른 마을과 같이 마을을 지켜 주고 복을 주는 신으로 알고 있다. 비석 형태의 신체가 세워진 것은 그리 오래 되지 않은 것으로 보인다.

대체로 마을의 제당과 당에 모셔진 신들은 원래 형태가 당숲과 신목이고 후에는 당집이 곁들여지는데 구체적인 신체 형태는 그 후에 만들어지는 것이 일반적인 과정이다.

굿당 남해안 지역에서는 마을 회관에 주로 꾸미는데 통영에서는 빈터에 굿당을 꾸몄다.
통영. (맨 위)

제단 제단에 지화와 신광주리로 화려하게 장식한다. 통영. (위)

당제사

일반적으로 별신굿 전날에 당에서는 유식 형태의 당제사를 지내고 다음날 아침부터 별신굿을 시작한다. 그런데 거제도 지방에서도 특히 수산 마을 당제사는 사제무 일행이 도착하면 악기를 치며 먼저 마을을 한 바퀴 돌면서 일행이 마을에 도착하였음을 알리고 곳곳의 여러 신들을 위해 주며 이제 곧 굿이 시작된다는 것을 알리는 들맞이를 한다. 또는 저녁에 당산에 올라 당맞이굿을 먼저 하기도 한다. 이 경우에는 무굿과 상관없이 굿장모 또는 제사를 의뢰받은 스님 등이 자시에 조용하게 당제사를 올린다. 근래에 수산 마을에서는 당제사를 인근의 스님에게 의뢰하여 행하고 있다.

당제사는 별신굿이 시작되는 날 자시에 마을에서 정한 굿장모나 당제를 의뢰한 인근 절의 스님이 당에 올라가 간단한 제물을 차리고 독축한 뒤에 소지를 올리고 절을 하며 마을 입구의 장승과 우물에 가서도 각각 간단하게 제사를 지낸다.

마을로부터 제사를 의뢰받은 스님이 당제를 지낼 때에는 본인이 준비해 온 메, 떡, 과일, 과자 등의 제물을 간단하게 차리고 불경(佛經)을 외우며 마을을 축원하고 끝낸다. 같은 해안 지방인 동해안이나 서해안 지방에 비해 남해안 지방의 당제는 아주 약식으로 치러진다.

굿 당

남해안 지역에서는 본굿당을 주로 마을 회관에 꾸민다. 통영시의 경우는 바닷가에 굿당을 꾸미고 각종 지화로 장식하며 제물도 풍성히 차리지만 거제도 등의 마을에서 갖는 별신굿은 굿당을 집 안에 꾸미고 별다른 장식이 없다. 굿당 밖에는 서낭대를 세운다.

별신굿 내용

별신굿 순서나 내용은 마을별로 큰 차이가 없고 다만 굿거리 수라든가 당제 진행 형식에서 약간의 특색이 있을 뿐이다. 다음의 별신굿 내용은 거제도의 수산과 양화 마을의 별신굿을 중심으로 하고 치리 마을 것을 참고로 하였다.

들맞이 당산굿

배에서 내린 사제무 일행이 길군악을 치며 해변가에 세운 별신대 앞에 이르자 대모 일행은 절을 하고 메구노리를 쳐서 마을에 굿하러 왔음을 알린다. 양화에서는 마을 주변의 산길, 옛날에 다니던 옛길을 밟으며 젓대잡이(대금 악사)가 청신악을 불면서 한 바퀴 도는 것으로 마을에 굿하러 왔음을 알린다.

굿장모댁 부정굿

부정굿은 부정을 씻고 제단을 정화하는 굿으로 젓대의 청신악에 이어 장구잡이가 넋노래를 부르는 동안 대모는 굿채비를 한다. 준비가 끝나면 대너리 장단에 맞추어 대너리춤을 추고 조너리·푸너리 장단에 얹어 무가 사설을 읊는다.

다음에 장구잡이가 제석노리채에 맞추어 제석 노래를 부른다. 다시 덩덕궁이채에 얹어 대모는 무가 사설을 읊고 삼현 장단에 맞추어 삼현 춤을 춘다. 이어 공수(무당이 신의 말을 대신 하는 것)를 내려주고 수부잔을 돌린 뒤 송신악으로 끝을 맺는다.

일월맞이굿(칠성굿)

묵은 해를 잘 보내게 해준 데 대한 감사와 새해에도 잘 보살펴 달라고 일월성신에게 기원하는 굿이다. 아침 먼동이 틀 무렵, 대모 일행은 예로부터 대대로 목욕하는 곳인 마을 뒤편 바다로 가서 목욕하고 죽 한 그릇씩 먹은 뒤 산에 오른다.

당에서 일월맞이를 할 때는 대모가 징을 들고 장단에 맞춰 세 번 반복하여 치면 동서남북을 향해 헌배하고 다시 징을 한 번 친다. 젓대가 청신악을 불고 대모는 부정 소지(不淨燒紙)를 올린다. 대모는 다시 징을 치고 축문을 외우며 장단에 얹어 아왕임금 사설을 읊는다. 다시 칠성본을 외우고 춤을 추다가 악사가 제석 노래를 뒷바라지해 주면 대모는 소지를 올린다.

굿이 끝난 뒤 마을의 대잡이가 대를 잡고 산신님이 잘 받으셨다는 응

일월맞이굿 묵은 해를 잘 보내게 해준 데 대한 감사와 새해에도 잘 보살펴 달라는 굿으로 마을 어른들의 부정을 가져주고 있다. 양화.

답이 오면 모두들 하산할 준비를 한다.

골맥이굿

고을, 곧 마을을 지켜 준다는 신에게 드리는 굿이다. 악기를 울리며
서낭대를 앞세우고 작은당으로 내려와 큰 나무 아래에 간단히 제물을
차리고 매구굿을 친 뒤에 악사와 장단 없이 대모 혼자서 무가 사설과
경을 외운다. 그리고 우물에 가서 우물굿을 한다.

용왕굿

바다의 용왕님과 수중 고혼들을 위해 하는 굿이다.

몇몇 선주 집에서 차려 내온 상에 촛불을 켜 놓는다. 청신악을 불고
장구잡이가 넋노래를 부르는 동안 대모는 큰머리(사제무가 쓰는 화관의
일종)를 쓰고 무복을 입은 뒤 음악 장단에 맞추어 사방에 절을 한다.

고인수(북, 장구잡이)가 불림 장단을 내며 '사해용왕 거리로다 …지
신거리로구나' 하고 바라지(대모의 무가 중간중간에 양중이 작은 소리로
불러 주는 노래로 뒷바라지 노래라고 함)를 해주면 피리의 시나위 가락
을 타고 대모는 "…짚은 바다, …대수용왕이 내려왔다" 하며 용왕굿을
시작한다.

사설이 끝나면 악사들은 '나무로다'를 몇 구절 부르고 이어 나무아미
타불(법성)을 바라지해 주면 대모는 장단에 맞춰 '어기야 디기야' 하고
가래질 소리를 하며 다시 무가를 부른 뒤, 부드럽게 춤을 추고 송신악
으로 끝낸다.

다음은 마을 회관에 꾸며진 본굿당에서 본굿에 들어간다. 각 가정에
서 제각기 차려 내온 조상상에는 모시는 조상 수에 맞추어 밥그릇을 놓
는다. 처음에 부정굿을 하고 이어서 칠성굿·가망·제석·서낭굿으로
들어간다.

용왕굿 바다의 용왕님과 수중 고혼들을 위해 하는 굿이다. 양화. (위)

용왕밥 던지기 용왕굿이 끝나면 바다에 용왕밥을 던지며 풍어를 기원한다. 수산. (아래)

부정굿

굿당의 부정을 씻고 제단을 정화하는 굿으로 굿장모댁 부정굿과 동일하다.

가망굿

경남 지방에서는 가망을 조상신으로 생각하고 있는데 이 굿에서도 조상님들을 모시고 대접한다. 먼저 청신악을 부르고 넋노래부터 시작한다. 큰굿 들어가기 전에 굿거리에서는 거리가 끝날 무렵마다 공사(사제무가 신을 대신해서 부정 등을 가져 주는 행위)를 주게 되는데 공사 장면이 특이하다.

사제무는 굿장모·이장·마을 임원 등 굿을 준비한 사람들을 앞으로 끌어내어 꿇어앉히고 엎드리게 한 다음 처음에는 '북어'로 장단에 맞춰 때려 주고 다음엔 '젓대'로 때려 준 다음 소지 종이에 불을 붙여 머리털을 그을리는 시늉을 한다. 그러면 비로소 바로 앉게 하여 수부잔을 돌리고 마시게 한 다음 들여보낸다. 들어가면서 제상에 상돈(사제무에게 상으로 주는 돈)을 놓고 가는 것이 상례이다.

제석굿

제석님을 위하고 재수를 기원하는 굿으로 진행은 가망굿과 같고 사설만 다르다.

제석굿의 사설은 다음과 같다. "…단명자는 명을 주시고 복줄 이는 복을 주시고 농사도 장원을 시켜서 충재·화재 다 막아서, 수대로 나대로 익은 곡식은 여물을 채서 각종 곡식도 만발하고… 첫째는 이산 신령님네가 받들어 주시고 둘째는 제석님네가 받들어 주셔서… 일시 동참하옵소서, 소원시켜 주옵소서" 하는 재수를 비는 내용이다.

서낭굿

각 지역 팔도 명산의 신들을 청해 모시고 가정과 마을의 번영을 기원하는 굿이다.

청신악 다음의 첫 노래는 다른 거리에서와 선율은 같지만 사설이 넋노래 대신 '서낭이야 이 오실적어…'라는 무가를 부른다. 서낭풀이 뒤에 동살풀이로 넘어간다.

망석놀림

치리섬에서는 큰당에 올라갈 때 수산, 양화 및 구조라에서는 마을 당산에 올라갈 때 탈놀음할 재료들을 미리 가지고 간다. 그곳에서 굿이 진행되는 동안 틈틈이 탈을 만들어 가지고 하산한다. 망석탈놀음은 큰굿 들어가기 전 서낭굿 다음에 하는데 보통 밤에 한다.

탈의 재료는 아쉬운 대로 참종이에 물감을 그려 만들기도 하지만 원래는 바가지로 만든다. 해미탈에는 붉은 점과 검은 점을 찍는다. 해미 광대놀이에는 할미가 오줌 누는 데마다 농사·해옥(김)이 잘된다는 내용이 있는데 풍농·풍어를 기원하고 가정과 동네의 화목을 기원하는 뜻이 내포되어 있다. 그러나 근래에는 망석놀림을 생략하고 있다.

큰굿

큰굿은 손굿이라고도 하는데 이 큰굿에는 손님풀이 이외에도 열두축문·황천문답·고금역대·영호찬·환생탄일이 나온다. 이들 무가는 모두 길어 각각 굿 한 거리씩으로 취급받는다. 통영 별신굿에 나오는 갖가지 음악과 장단·춤사위가 대부분 큰굿에 집합되어 있다.

큰굿부터는 대모 일행의 굿이기 때문에 공사를 안 하고 돌아가신 굿 선생님들을 다 들먹인다.

손굿 지동굿이라고도 하며 마을의 재산 문서를 보관해 놓는 지동궤를 제상 앞에 놓고 이를 관장하고 있는 '통대부 신령'을 위해 주는 굿이다.

손님풀이 마마신인 손님을 위하는 굿으로 명과 복을 기원한다. 대모는 고인수의 장구를 받아 어깨에 걸고 장구채는 그냥 둔 채 북편만 울리며 손님풀이 무가를 부른다. 이어서 동살풀이로 넘어간다. 동살풀이 무가는 서낭굿의 서낭풀이와 손굿의 손님풀이 뒤에만 들어간다. 손님풀이 뒤의 동살풀이는 '살풀이'라고도 하며 마을에 따라서는 별도의 굿거리로 넣기도 한다.

고금역대　고금역대의 영웅 호걸, 절세 가인도 결국 죽고만다는 인생의 허망함을 노래하고 죽은 이의 극락 왕생을 기원하며 살아 있는 사람들을 위로하는 굿이다.

열두축문　악사는 쉬고 대모 혼자서 읊어 나간다.

지옥문 무가　'도시대왕님아… 철산지옥을 면하시고…'를 부르고 나무아미타불을 한 뒤에 삼현(춤)과 수부잔·맘자심(대너리)·송신악으로 큰굿이 끝난다. 수부잔 푸너리와 맘자심 때엔 악사만 장단을 치고 대모는 무복을 벗고 부채 정리 등을 한다.

상돈 시주　굿을 하는 중간중간에 마을 사람들이 사제무의 부채 위에 상돈을 놓아 주고 있다. 통영.

군웅굿

공사가 없고 수부잔 푸니리 때에 군웅 장수 대신풀이를 하며 돌아가신 굿 선생님들을 다 들먹이는 점 등을 제외하면 가망굿과 같다.

거리굿

남해안별신굿에서 잡신을 위한 마지막 절차인 시석굿은 각 가정에서 내온 조상상들을 해변가에 내다 놓고 서낭대를 가져다 세우면 바로 시석굿거리의 굿판이 된다. 대모는 평복 차림을 하고 여러 가지 경(經)들을 읊은 뒤에 대를 잡게 한다.

거리굿 대잡이는 당주가 한다. 대가 흔들리며 잘 받았다는 응답이 나오면 대잡이는 대를 잡고 일어나 제상과 그 주변을 돈다. 푸너리·덩덕궁이채에 얹어 무가 사설을 읊고 "경오 심미 임신 계유 갑술 을해생, 많은 혼신아~ 왔거든 많이 먹고 돌아가소" 하며 육갑(六甲) 풀이를 하고 제각기 자기네 상의 음식들을 조금씩 자루 속에 넣고 묶어서 매구노리채를 치며 선착장이 있는 바다로 나가 던진다. 이를 일러 개(바다)를 먹인다고 한다. 그리고 서낭대를 둘러메고 마을로 돌아오는 길에 고깃배에 올라 풍어를 기원하는 매구를 치기도 한다.

무복 · 무구 · 무악기

남해안별신굿의 사제무 무복은 홍치마에 쾌자를 입고 큰머리라고 하는 화관을 쓴다. 쾌자는 색동 소매를 달고 등에 흉배를 붙였는데 원삼의 흉내를 냈으면서도 소매 길이가 짧아 원삼과 쾌자의 절충 형태로 볼수 있다. 허리에는 홍띠를 두른다. 양중은 통영갓에 흰색 두루마기를 입는다.

칠성맞이 무복 색동 소매를 단 홍치마에 쾌자를 입고 화관을 쓴다. 수산.

별신굿에 쓰이는 무구에는 서낭대(신대), 반야용선, 허가, 신광주리, 시왕 문고리, 열새왕침장, 방울〔巫鈴〕, 부채, 신칼, 손전 등이 있다. 이곳 별신굿에서는 전 과정에 걸쳐 거의 부채를 들고 무굿을 사제하며 때로는 신칼과 손전을 들기도 한다.

종이로 만든 여러 무구 가운데 반야용선은 동해안별신굿의 용선과 같은 것으로 혼령들을 태우고 저승으로 가는 배를 상징하는 것이다.

이러한 여러 가지 무구, 특히 지화류는 통영 외의 다른 마을에서는 별로 사용하지 않는다.

무악기로는 장구, 북, 징, 대금, 피리, 꽹과리 등이 있는데 굿을 하는 전 과정을 통해 사용되고 굿의 시작과 끝에는 대금을 분다.

남해안별신굿의 특징

남해안별신굿의 특징은 제의 지역이 좁게 한정되어 있다는 점도 들 수 있겠지만, 별신굿의 기능자(주무급) 자체가 2, 3인에 불과하여 동해안처럼 무집단(巫集團) 형태를 갖추지 못하고 제의 시간도 2일(하루낮 하룻밤)이 보통이며 특별히 길어야 3일(이틀낮 이틀밤)이라는 것이다. 이때 사제무는 주무 1인에 조무(助巫) 1~2인으로 두세 명이 모든 굿을 도맡아 한다.

또 제의 지역이 많지 않아 동해안처럼 굿이 계속 연결되지 않기 때문에 별신굿 사제만으로는 생계(生計)를 이을 수 없고 세습무에 대한 남부 지방 특유의 경시 풍조가 심해 세습무의 계승이 동해안과는 달리 어려운 입장이다.

세습무의 계승이 어려워지고 있는 반면 신이 내린 강신자(降神者, 현지에서 그렇게 호칭함)는 많아지면서 이들 강신자가 제의 기능의 일부분을 맡고 있다. 그러나 강신자는 점치는 일과 비손(간단한 치성 형식)이 본업무이기 때문에 무가, 무악기, 무무(巫舞) 등 사제 기술 전반에 대한 학습 문제는 그리 쉬운 일이 아니다.

남해안별신굿의 사제무는 동해안 지역처럼 세습무계에 의해

강신자 대잡이 남해안별신굿에서는 굿 중간에 강신자가 대를 잡고 공수를 대신 내려주기도 한다. 죽림포.

이루어지므로 무녀는 세습무가에서 태어나 타의 세습무가로 출가하게
된다. 남자들도 세습무계 출신이 악사(樂士) 역을 맡는데 이 지역 무속
음악의 대가들이다. 그러나 이들은 양중 생활로는 생계가 어렵기 때문
에 별도의 생업에 종사하고 있는 경우가 많으며, 별신굿 기간 동안만
합류한다.

남해안별신굿은 비교적 오락성이 적은 편이다. 굿 과정에서 악기를
잡고 있는 양중과 주고받는 재담이 극히 드물고 무가 중간에 사설(辭說)
삽입이 없으며, 굿 자체에 동해안별신굿에서 볼 수 있는 세존굿에서의
도둑잡이(중잡이굿), 천왕굿에서의 곤반놀이, 그리고 범굿에서의 범탈놀
이 등과 같이 연극적이고 관중을 웃기는 내용이 없어 흥미를 끌기에는
부족하다. 그러나 관중에게 주는 신앙에의 신뢰성이 많아 관중을 진지
하게 만든다. 물론 남해안별신굿에서도 일부 마을에서 망석탈놀이라고
하는 해미광대놀이가 굿 과정에 있었으나 현재는 거의 생략되고 있다.

사제무 쪽과 마을 대표간의 굿돈 계약을 처리하는 방법도 특이하다.
이 굿돈 계약은 사전에 이루어지는 것이 아니고 사제무가 마을에 도착
하여 제의 시작 전에 굿돈에 대해 담합을 하거나 굿 중간에 타협을 한
다. 그래서 굿돈을 놓고 마을측과 무(巫)측은 서로 옥신각신하고 언쟁
을 일으키기도 한다.

무측에서는 사전에 미리 계약 처리가 안 되었기 때문에 굿돈에 대한
타협을 할 때마다 시간을 끌게 되면 피가 마르는 것 같다고 하지만 한
편으로는 다 차려진 굿판에서 사제 거부까지도 할 수 있어 양측이 모두
유리한 입장과 불리한 입장을 함께 지니고 있는 셈이다.

사제무 일행에 대한 식사 문제는 각 집집마다 분배하여 1인분씩의
독상(獨床)을 준비하는 것이 원칙이다. 식사뿐만 아니라 사제무들에
게 대접할 음료수, 막걸리 등도 각각 분담하여 제공하는 것 등이 특이
하다.

서해안대동굿

　서해안의 위쪽 지방에 해당하는 해주(海州), 옹진(甕津), 연평도(延坪島) 지방에서는 마을의 평안과 풍어를 위해 선주와 뱃동사들이 주가되어 '대동굿'이라는 마을의 큰 제사를 지낸다. 대동굿은 당산과 마을의 집, 바닷가 등 마을 전체가 굿 공간이 되고 그 기간도 3 내지 5일정도 되는 마을 최대의 신앙적 행사요 굿놀이가 된다.

　대동굿은 6·25 전란 때 남하한 김금화(金錦花, 여, 67세)에 의해 전승되고 있는데 김금화에 이어 김경화(여, 69세), 김매몰(여, 59세) 등의 전수자가 있으며 비교적 뛰어난 기·예능을 지니고 있어 대동굿 전승은 그런대로 희망이 있다고 본다.

마을과 제의 준비

　대동굿이 언제부터, 어떻게 이루어진 것인가에 대해서는 사제무나현지민들도 자세히 모르고 있다. 그저 '조상 적부터…'라는 마을 사람들의 설명은 그만큼 대동굿의 역사가 오래 되었다는 것을 의미한다.

대동굿을 위해 마을에서는 음력 정월 초사흗날에 마을 유지와 선주들이 상의하여 먼저 좋은 날로 대동날을 받고 제관과 제의 준비를 맡을 소염(제의를 준비하는 실무자들의 현지 이름)들을 선정한다.

　　제관은 동네에서 나이가 많고 경험이 많으며, 깨끗한 사람 곧 상중이거나 임산부가 있는 집안 또는 가족 가운데 병을 앓고 있지 않은 집안의 사람으로 선정한다. 대개는 제관으로 한 번 정해진 사람이 특별한 일이 없는 한 계속하게 된다.

　　제관 외에 실질적으로 대동굿을 추진해 나가는 소염들은 상소염, 중소염, 하소염, 4소염, 5소염 등 5명을 정하거나 아니면 7소염, 8소염에 상산막둥이까지 9명을 정한다. 상소염은 동네에서 제일 재력(財力)이 있는 사람으로 정하여 지출 책임을 지고 제관은 소염과 상관없이 나이가 가장 많고 깨끗하며 경험이 많은 사람이 된다. 그리고 각 소염들은 대동굿 일의 심부름을 맡거나 무당에게 연락을 담당하는 등 업무를 분담하여 맡는다.

　　마을에서는 이미 섣달부터 굿에 쓰일 꽃을 말아 대동굿 준비에 들어간다. 각 마을에는 꽃을 말 줄 아는 사람이 몇씩 있게 마련이다.

　　대동굿 일주일 전에는 소염들이 도가집(제물을 담당한 당주의 집)에 모두 모여 같이 합숙을 하면서 소〔禁忌〕를 하는데 음식도 채소만 먹고 몸을 청결히 한다. 이때에는 동네에서 싸움을 해서는 안 되며 특히 대동굿 3일 전부터는 집집마다 불을 켜고 잔다. 도가집에서는 모든 음식들을 준비하고 장군당 당집 옆에 굿당을 꾸민다.

사제무 선정

　　굿을 맡을 사제무는 마을 제의의 연고권을 지닌 무당이 따로 정해져

김금화 17세의 어린 나이로 신이 내리고 입무하여, 무굿에 대한 학습을 받고 오늘날까지 50여 년을 굿과 함께 살아 온 대동굿 최고의 예능자요 마지막 큰 무당이다. 인천.

있지 않다. 오히려 선주 각 개인과 무당 사이에 친분이 있거나 연고 관계가 맺어져 있어 서로 자기네 무당을 데려오려고 내세우기 때문에 결국은 제비뽑기 형식을 취하여 결정한다. 이 제비뽑기 형식은 각자 내세우는 무당의 이름을 종이에 써서 말아 가지고 정월 초사흗날 제관 일행과 선주들이 당산에 올라간다.

당산에 올라가는 사람들은 그 전에 목욕 재계하고 몸을 청결히 한다.

당산에 올라가서 제관은 무당 이름이 적힌 종이를 됫박에 담고 "장군님이 원하시는 만신을 청하십시오. 우리는 다 모릅니다" 하고 됫박을 흔들어서 하나를 집어 뽑는다. 그렇게 해서 뽑힌 무당을 '경관만신'이라고 하는데 경관만신으로 정해진 무당에게는 담당 소염이 연락을 한다. 경관만신이 된 무당은 굿을 맡게 되고 4, 5명 정도의 새 만신을 조무로 데려와 굿을 한다.

이 대동굿을 주로 맡아 했던 권만신 김금화는 17세의 어린 나이로 신이 내리고 입무(入巫)하여 외할머니와 관무당, 방수덕 등 큰 무당에게서 무굿에 대한 학습을 받고 오늘날까지 50여 년을 굿과 함께 살아 온 대동굿 최고의 예능자요, 마지막 큰 무당이다.

제당과 신

제당은 대개 바닷가나 바다 가까운 마을 산의 꼭대기에 위치하고 있거나 산의 팔부 고지(八部高地)에 위치하고 있는 경우가 많다.

당집은 맞배지붕 또는 팔작지붕의 기와집으로 당숲을 함께 지니고 있는 것이 보통이다.

당의 이름은 장군당, 당, 당산 등으로 부르는 경우가 가장 많다. 대동굿의 대상신은 그 마을의 당신과 무당이 모시고 다니는 신, 기타 굿당에서 청배하는 존신이 되지만, 그중에서도 당신이 주 대상신이 된다 당신은 대체로 산신님(또는 서낭님), 부근님(상산부근), 장군서낭님이고, 만신의 신으로는 토인성수, 지하장군, 용마신장님 등을 모시고 오는데 이는 만신에 따라서 각기 다를 수 있다.

청배신으로는 육갑신장, 십대왕, 진대서낭, 천신대감, 목신대감과 각 명산의 장군 서낭님 등이 있다.

제당의 고축

대동굿을 시작하기 전에 대동굿을 사제할 경관만신은 대동굿 전날 마을에 도착하는데 도가집 근처에 마련된 집으로 들어가 쉬다가 목욕을 하고 자정이 지나서 도가집으로 들어간다.

그때 도가집에서 금기하며 대기하던 소염들이 먼저 당에 올라가 작은 떡시루 하나와 조기, 약주 정도를 올리는 간단

제당 바닷가나 가까운 마을 산의 봉우리에 위치하며 맞배지붕 또는 팔작지붕의 기와집으로 당 숲을 함께 지니고 있다. 황도.

한 제물을 차리고 제관이 고축과 헌배(獻杯)를 하고 나면 사제무를 부른다. 사제무 역시 깨끗한 평복으로 올라와 약주를 따라 올리고 인사만 드린 뒤 도가집으로 내려온다.

굿 당

굿당은 당집 옆에 꾸미는데 사방에 기둥을 세우고 위 끝을 사방으로

연결하여 묶은 뒤 서까래를 얹어 그 위로 멍석을 덮는다. 옆은 수수깡을 엮은 것으로 둘러치고 멍석으로 덧씌워 두르기도 한다.

또 굿당에는 굿하기 3일 전부터 12발이나 되는 긴 장군장발을 빨강, 파랑, 노랑, 초록, 보라, 자주 등의 오색 물을 들여서 띄우는데 뒤쪽 바깥 벽에는 소당장발을, 굿당의 중심이 되는 뒤쪽으로는 칠성장발을, 한가운데는 감흥장발을 띄우고 당의 제일 구석 서낭의 수비들이 있는 데에는 군웅장발을 각각 띄운다. 마을 사람들도 각기 자기 배에 뱃기를 띄우고 봉죽과 서리화를 피워 놓기도 한다.

뱃기는 굿당 앞 한쪽에 말뚝을 일렬로 박고 선주들의 뱃기를 묶어 도

굿당 안쪽에는 화분을 걸어 놓고 각종 지화를 장식하며 한쪽에 무복을 걸쳐 놓은 다음 제물을 차려 놓는다. 인천.

서리화와 봉죽 굿당 준비를 하는 동안 마을 사람들은 각기 자기 배에 뱃기를 띄우고 봉죽과 서리화를 피워 놓기도 한다.

열시킨다. 이것은 일년 동안 자기 배에서 모시게 될 뱃신을 내림받기 위해서이다.

굿당에는 제일 안쪽에 화분〔巫神圖〕을 걸어 놓고 각종 지화를 장식하며 한쪽에 무복을 걸쳐 놓은 다음 제물을 차린다. 화분 거는 것을 맞이띄우기라고 하는데 화분은 성수, 일월신장, 상통하달지리천문, 산신, 부근, 감흥, 용왕, 공주애기씨, 산마도령, 칠성, 삼불제석, 약사선관, 별상, 수영산물애기씨, 임경업장군, 최영장군, 개머리장군, 백마장군, 병마장군, 산토신장, 호국신장, 장두장군, 영산대감, 삼토신장, 십

대왕 등을 띄운다.

또 제단에는 백모란, 삼신꽃, 고깔꽃, 쟁비꽃, 서리화(작은서리화) 등의 지화를 올리고 제단 앞에는 전발(종이를 도려내어 발처럼 만든 것)을 장식용으로 건다.

대동굿 과정과 내용

당에서 내려온 만신은 소염들과 합세하여 징, 태징, 제금, 장구, 호적, 소라 등의 악기로 소리를 내면서 신청울림을 한다. 이때부터 굿이 시작된다. 사제무는 홍관대에 호수갓으로 무복을 갖추고 조무(경관만신이 굿을 진행할 때에는 장구나 징을 맡아 잽이 역할을 하기도 함)도 쾌자를 입으며 소염들도 도포나 두루마기로 의관을 갖춘다.

준비가 다 되면 도가집에서부터 거상 장단을 치면서 당으로 올라간다. 이때 떡시루(흰무리) 한 쪽과 술병에 제주를 약간 담고 조기 한 마리, 나물 등을 간단히 준비하여 당에 제물로 차리고 당맞이굿인 상산맞이를 하여 산신과 상산 부근 또는 서낭님, 장군님을 맞이하여 도가집 마당으로 모시고 내려온다.

당에서 도가집 마당으로 내려올 때는 서해안 내에서도 지역에 따라 각기 다른 특징을 보이는데 용호도(옹진군 봉남면)에서는 상소염이 뚝대(작대기에 옷을 입히고 대에 방울과 타래실을 매어 당에 세워 두었다가 상산맞이가 끝나면 들고 내려옴)를 잡고 앞에 서고 사제무는 주문을 외우면서 도가집에 내려와서 부정굿에 들어간다.

도가집에서는 함지 두 개에 맑은 물과 잿물 또는 뜨물을 각각 떠 담아 놓고 상소염이 잡고 있는 뚝대가 맑은 물에 들어가 달라고 기원한다. 이때는 마을 사람들이 모두 모여 뚝대가 맑은 물에 들어가면(뚝대

당오르기 사제무와 소염들이 복식을 갖추고 모든 준비를 마치면 도가집에서부터 거상장단을 치면서 당으로 올라간다. 황도.

를 잡고 있는 상소염은 뚝대가 가는 대로 따르기만 함. 신의 뜻으로 간주)
운수 대통하였다고 춤을 추면서 기뻐한다.

그러나 육개머리(옹진군 봉구면)에서는 상소염이 장군기(참대에 장군
초상화가 그려진 기를 매었음)를 들고 또 다른 사람은 봉죽(마을 사람들
이 각자 서리화, 수팔련, 함박꽃 등 각종 꽃을 가지고 와서 꽂은 꽃대)을
들고 도가집으로 가지고 내려와 세워 놓고 세경굿에 들어간다. 이 과정
에서 육개머리 지역과 용호도 지역이 각기 차이를 보인다. 육개머리 지
역에서는 가가호호(家家戶戶) 세경을 돌지 않고 곧바로 당으로 올라가
서 초감흥굿에 들어가는데 용호도에서는 집집마다 세경을 돈다.

세경은 뚝대를 잡은 사람의 인도로 각 집을 방문하는 것을 말하는데
이때 사자업(바가지에 사람 얼굴을 그리고 5색 헝겊을 달은 인형 같은 형
태)이 쫓아다니고 탈을 쓴 사람도 쫓아다니며 영산할아뱜과 영산할맘

제숙 준비 황도에서는 대동굿에 제물로 바치기 위해 소를 희생시키고 그 고기를 굽는데 이는 제사 절차에서 가장 큰 행사이다. 황도.

등으로 꾸민 많은 사람들이 따라 다닌다.

세경을 돌 때 사제무가 집을 방문하면 그 집에서는 마당에 멍석을 깔고 쌀을 한 말(가난한 집안은 형편대로 한 주발을 담아 놓기도 함) 담아 놓은 뒤 쌀 위에 돈을 놓고 다시 돈 위에 실타래를 걸쳐 놓는다. 그러면 사제무는 그 집 대주와 가족들의 평안과 풍농, 풍어를 빌어 준다. 이때 나오는 쌀과 돈은 상산막둥이가 거두어 나른다. 이렇게 돌다 보면 하루가 꼬박 걸리는 경우도 있다.

한 가지 특이한 것은 집에 뚝대가 들어오고 경관만신이 들어와 축원을 하면 그 집에서는 적삼 하나를 내어 뚝대에 걸어 준다는 점이다. 나중에 집을 돌다 보면 적삼이 너무 많아져서 헌 적삼을 골라 행주를 하라고 다시 내어 주기도 한다. 이렇게 세경 도는 것이 끝나면 그때서야 당에 올라가 당집 옆에 꾸며진 굿당에서 부정굿에 들어간다. 그래서 굿의 마지막 순서가 되는 벌대동굿까지 마치면 바닷가에 내려와 강변용신굿을 한다.

강변용신굿에는 남녀 구별 없이 마을 사람들이 모두 나오는데 각 가정벌로 메, 나물, 조기 한 마리와 술을 준비하고 무명베 한 자나 석 자 정도를 준비하여 제물과 같이 가지고 나온다. 바닷가에 무명베를 펴놓고 목판이나 종이 위에 제물을 차린다. 집집마다 가지고 온 무명베와 음식들을 바닷가에 길게 연결시켜 차려 놓으면 사제무는 그 앞에서 합동으로 굿을 해준다.

끝으로 수수깡으로 엮어 만든 배에 각 집에서 만들어 온 삼색 헝겊 (나무 막대기에 삼색 헝겊을 묶은 것)을 꽂아 울긋불긋하게 만들고 배 안에는 본굿당에서 제물로 사용하였던 쇠머리와 떡시루, 닭 한 마리를 싣고 또 어민들이 가지고 온 음식과 굿당에서 가지고 온 음식을 조금씩 떼어 꾸러미에 담아서 배에 싣는다. 그런 다음 배를 삿대로 밀어 바다 쪽으로 띄워 보낸다. 이것은 띠배보내기로 떠도는 원혼과 동네의 액운을 모두 배에 실어 보내는 굿의 마지막 절차이다.

배가 바다 가운데로 둥실둥실 떠가면 마을 사람들은 계속 술을 부어 바다에 던지며 "금년에는 사해 바다를 메주 밟듯 해주십시오" 하고 기원하면서 절을 한다. 마을 사람들은 당집의 굿당에서 굿을 할 때 그 과정 사이사이에 동네에서 잡은 쇠고기와 돼지고기로 안주를 삼아 술을 마시며 논다. 강변용신굿을 끝낸 무당은 도가집으로 돌아오는데 비를 문 앞에 놓아(자루를 안쪽으로 향하게 함)두면 그 비를 밟고 들어간다.

도가집에는 소염들이 모두 모여 있고 무당은 받은 고기(마을에서 제물용으로 소와 돼지를 잡을 때 소의 꼬리가 붙은 다리 하나, 돼지 앞다리와 뒷다리 하나씩을 무당에게 줌)를 익히고 술을 받아 각 소염과 마을의 유지들에게 대접을 하고 마을 제의는 완전히 끝이 난다.

무당은 이때 수고의 대가인 '보별'을 받는다. '보별'은 보수를 말하는데 서해안 지역에서는 굿을 할 때 액수에 대해서 무당과 계약을 하지 않고 굿을 끝낸다.

그런 다음 굿당에서 모아진 돈과 세경에서 얻어진 돈 그리고 곡식

배치기놀이 대동굿 중간에 뱃동사들이 배치기노래를 부르며 흥겹게 노는 놀이다. 인천.

등의 정도를 보아 그 위에 더 추가하여 알맞은 보별을 주게 된다.

무복은 굿 진행중에 굿거리에 따라 사제무가 수시로 바꿔 입는데 별신굿에서와 같이 조선조의 관복(官服), 군복(軍服), 궁중복(宮中服)과 승복에서 많이 비롯된 것으로 화려한 것이 특색이다.

굿거리의 순서와 내용을 보면 다음과 같다.

신청울림
신청울림은 굿을 하기 위해 신을 청하기도 하고 보내기도 하는 굿거리로 굿당의 주당 잡귀를 쫓아낸다.

이때 사제무는 붉은 도포에 관대를 두르고 호수갓을 쓴다.

상산맞이

당신을 맞이하는 굿인데 당에는 당신으로 상산부근(또는 서낭님), 장군님 등이 모셔져 있다. 이때에도 사제무는 붉은 도포에 관대를 두르고 호수갓을 쓴다.

세경굿

당신을 맞아 마을의 가가호호를 돌며 각각의 평안과 재복을 기원해 주는 굿이다. 특히 샘물에 비유해 모든 것이 늘 막힘 없이 잘 솟아나오듯 해달라고 축원한다.

세경굿 무녀와 악사가 집집마다 돌며 가정의 평안과 재복을 기원해 주는 굿이다. 인천.

제석굿 흰색 장삼을 입고 오른쪽 어깨에 홍가사, 왼쪽 어깨에는 청가사를 걸친 위에 십장생 흉배를 앞뒤로 장식하고 염주를 목에 건다. 인천.

부정굿

부정을 썼고 굿당(또는 굿 장소)을 정화하는 굿이다. 이때 '천하궁에도 영부정, 지하궁에도 영부정' 하며 모든 영부정들을 거명한다.

감흥굿

청배한 제신(諸神)을 즐겁게 놀려 주고 제단에 좌정(坐定)시키는 굿이다. 이때 무복은 상산맞이 때와 동일하다.

초영정물림

온갖 영정을 다 불러 먹이고 우환, 질병, 근심 걱정 모든 액운을 멀리 보내는 굿이다. 홍치마에 남쾌자를 입고 검정 머릿수건을 쓴다.

복잔내림
제상에 술잔을 올려놓고 축원을 한 뒤에 제관과 선주에게 술잔을 내린다. 무복은 초영정물림과 같다.

제석굿
제석님을 맞아 명과 복, 재수를 기원하는 굿이다. 무복으로 흰색 장삼을 입고 오른쪽 어깨에는 홍가사, 왼쪽 어깨에는 청가사를 걸친 위에 십장생 흉배를 앞뒤로 장식하고 염주를 목에 건다.

성주굿
성주굿은 제비원에서 솔씨를 받아 심고 자란 나무를 베어 터를 닦고 집을 짓는 굿이다. 무복은 초록 관대 혹은 홍관대에 갓을 쓴다.

소대감놀이굿
무당이 며느리와 시누이 그리고 봉사역 등을 하면서 덕담과 재담을 늘어 놓고 난봉가 등을 부르면서 제관 일행의 복을 빌어 주는 굿이다.

말명굿
각 말명이 방아를 찧으러 오도록 청하고 명과 복을 기원한다. 이때는 남치마에 사동달이를 입고 검정 머릿수건을 묶는다.

사냥굿
제숙 어르는 굿이라고 하는데 제물로 쓰일 소와 돼지를 잡기 전에 어르는 굿이다. 곧 소를 잡기 전에 무당과 상산막둥이가 같이 어울려 소를 올라타기도 하고 소의 주위를 돌기도 하여 소를 어리둥절하게 만든다. 이때는 무복으로 남쾌자에 베두루마기를 입고 뒷등 쪽을 너절하게 꾸미며 머리에 걸립을 쓴다.

성수거리

청배하여 좌정시킨 여러 신장님, 장군님, 신령님들을 즐겁게 해주고 제관과 소염들 그리고 마을을 축원해 주는 굿이다.

한 굿거리 안에서 여러 차례 무복을 바꿔 입는다. 처음엔 옥색 도포 위에 검정 쾌자를 입고 흰 부채를 들고 나온다. 굿 중간에 다시 신장옷인 사동다리로 바꿔 입고 걸립을 쓰며 신장칼을 든다. 끝날 무렵에는 마래기를 쓰고 작은 장군칼을 든다.

타살굿

제숙을 팔각떠서(동물을 잡아서 여러 부위의 곳곳을 떼어 내는 일, 떼어 낸 고기는 익히지 않고 제물로 바침) 꼬리 달린 뒷다리 하나, 앞다리 하나를 남겨 놓은 뒤 내포 일체를 다 삶아 놓고 여러 감흥(무굿에서 불리는 신의 명칭)을 청배하여 놀린다.

무복으로 홍치마에 초록 쾌자를 입고 홍관대에 걸립을 쓰고 나오는데 뒤에 갓으로 바꿔 쓴다.

군웅굿

타살굿에 이어 곧바로 진행되는 굿이다. 이때는 홍관대에 검정 머릿수건을 쓰고 다음에 걸립을 쓰다가 다시 갓으로 바꿔 쓴다.

먼산장군거리

각 지역 모든 장군들을 불러 용맹과 위용을 칭송하며 위하는 굿이다.

성수거리 여러 신들을 청배하여 즐겁게 해주고 제관과 소염들 그리고 마을을 축원해 주는 굿이다. 인천. (맨 위)

타살굿 돼지 사슬 세우는 장면이다. 인천. (위 왼쪽)

사냥굿 소를 잡기 전에 무당과 상산막동이가 어울려 노는 장면이다. 인천. (위 오른쪽)

뱃기내림 연극에 가까운 굿거리로 재담으로 관중을 웃기고 춤을 추며 술잔을 돌리기도
한다. 인천.

홍치마에 남쾌자를 입고 장군칼과 오방기를 든다.

대감놀이굿

벼슬을 한 대감놀이로 익살과 풍자가 섞인 재담으로 관중을 웃기고
춤을 추며 술잔을 돌리기도 하는 연극에 가까운 굿거리이다.

처음엔 활옷과 동달이에 주립을 쓰고 홍철릭으로 바꿔 입는다.

뱃기내림

각각의 배 주인 이름을 부르면서 배의 안전과 풍어를 축원해 주는 굿

이다. 각 선주에게 배에서 모실 신을 내려주기도 한다. 무복으로 홍치마에 남쾌자를 입고 머릿수건을 쓴다.

조상굿

조상님을 위하는 굿으로서 지옥을 면하고 극락으로 가도록 기원하는 굿이다. 이때는 노란 두루마기에 검정 머릿수건을 쓰고 무명 베를 양어깨에 매며 방울을 든다.

서낭목신굿

각 서낭목신을 불러 덕을 내려 재수 있게 해주고 액을 막아 달라고 기원하는 굿이다. 홍치마, 남쾌자와 삼동달이를 입으며 전립을 쓰고 서낭기를 든다.

영산할아뱜 · 영산할맘

원래는 만신이 된 공주를 모셨던 영산할아뱜과 영산할맘을 모셔서 대접하여 어촌의 안전을 기원하는 굿인데, 현재는 고기를 많이 잡아주는 신으로 간주하고 있다.

이 굿은 머리에 탈을 얹은 할아뱜역, 할맘역이 장구잽이와 주고받는 익살스런 대사가 주를 이루는데 흥미 있고 놀이성이 강한 굿거리이다. 이 굿거리는 만세받이(음악성이 적은 무굿 사설)에서부터 난봉가, 술비소리, 에밀량(배치기)까지 곁들여 더욱 흥을 돋운다.

먼저 할아뱜역의 영감과 할맘역의 만신이 나와서 서로 부르고 엇갈리면서 장구잽이와 대화가 시작되는데 할맘역의 만신이 영감을 찾기 위해 장구잽이와 그 인물을 묘사하는 대사를 잠시 살펴보면

우리 할아뱜 생긴 모양을 말할께 잘 들어보소.

영산할아뱜·영산할맘　영산할아뱜, 할맘, 아들 등 헤어졌던 가족이 상면하여 재담을 펼치는 장면이다. 인천.

키는 거저 먹으라는 참외 뿌리만하고
할아뱜 얼굴은 우럭처럼 생겼는데 얼굴빛은 오뉴월
긴긴 해에 다 타버린 구리빛 같고
이마는 난간 이마요, 눈은 황새가 다 좌먹은 우렁이
딱지처럼 움푹하고
코는 휜히 들여다보이는 개발코 같고 입은 깨밟아
잡은 메기 입처럼 생겼는데,
이빨은 듬성듬성 나서 쓰레기 쌀처럼 생겼음네.
                                        -중략-

다음으로 영감이 할맘을 찾기 위해 설명하는 대화를 살펴보면

> 우리 할맘은 일색 절색, 키는 봉산 숫대처럼 크고
> 살은 바싹 말라서 깎아 먹구 남은 송구자루 같고,
> 얼굴은 말상이구 이마는 됫박이마구
> 눈은 바람에 떨어진 불밤송이 같구 코는 안장코요
> 입은 한켠에 붙은 병어 입처럼 뾰죽하구
>
> - 중략 -

인물 표현을 이렇게 하면서도 그들은 서로 찾아 헤매다가 결국은 만나게 되어 얼싸안고, 영감은 할맘을 업으며 난봉가를 부른다.

뱅인영감굿

만신이 뱅인 영감으로 가장하여 사당토막, 짚신 등을 둘러메고 구르면서 노는데 배가 풍파를 만나지 말고 풀 같은 데에 걸리지 말라는 굿이다.

벌대동굿

여기저기의 각 잡신을 풀어 먹이는 굿이다. 빨간 치마에 남쾌자를 입고 소당기를 든다.

강변용신굿

사공들의 안전과 풍어를 기원하고 바다에서 죽은 고혼을 위로해 주는 굿이다. 무복은 빨간 남쾌자에 삼동달이를 입고 한 손에 방울을 들고 다른 한 손에 무명 조각을 든다.

다음은 용신에 대한 '날만세받이'의 일부이다.

에라만세 내받아내요 내놀아내요
기다리던용신 바라던용신 / 둥둥화소리에 듣고왔던용신
남용신에 여용신에 / 해를묵은용신 철을묵은용신
먼바다에간 용신 / 이름모르는 무명의용신
서자용신 애동초목의 용신
이대동 가가호수에 / 집안에 조상용신 물위에 떠다니는 용신
우느니눈물 쉬느니한숨 / 배고파하는 용신
대동굿에 호명을 부르니 / 고픈배를 불려가요
쓰린가슴 전즐러 / 한잔술에 흠양하고
난음식에 벌여진굿에 / 골고루 받아가요

                                        -중략-

무복·무구·무악기

대동굿에서는 사제무의 복식이 다양하고 화려한 것이 특징이다. 굿
거리마다 바꾸어 입기도 하고 한 굿거리 안에서 여러 번 바꾸어 입는
경우도 있다.

무굿에서 가장 많이 차려 입는 복색이 홍관대에 호수갓 또는 꽃갓 차
림이고 가장 화려한 복색이 흰 고깔에 백장삼 차림이다. 이 백장삼은
제석굿 때에 갖추고 나오는데 백장삼 위에 오른쪽 어깨에는 십장생 홍
가사를, 왼쪽 어깨에 청가사를 양쪽으로 엇갈리게 하여 길게 걸치고 허
리에는 넓은 홍띠를 매며, 목에는 긴 백팔 염주를 건다. 그리고 손에는
서발 염주를 걸고 작은 꽹과리 형태의 갱정을 든다.

이외에 삼동달이, 사동달이, 베두루마기, 남관대 활옷, 홍철릭, 초록
관대, 남쾌자, 초록쾌자, 노란 두루마기 등과 꽃갓, 호수갓, 흑갓, 패

무복 대동굿에서는 사제무의 복식이 다양하고 화려하다. 굿거리마다 바꾸어 입기도 하고 또는 한 굿거리 안에서도 여러 번 바꾸어 입는 경우도 있다. 인천.

랭이, 전립, 검정 머릿수건 등을 갖추어 꾸며 입는다.

　대동굿에서는 무구도 다양하다. 가장 많이 사용하는 것은 신방울과 쥘부채[巫扇]이지만 굿거리마다 다르게 사용하는 것에는 오방기, 대신 발, 칠성검, 장군칼, 신장칼, 대신칼, 큰 삼지창, 작은 삼지창 등이고 제단에 장식하는 여러 개의 명도(신거울) 등이 있다.

　서해안대동굿에서도 동해안이나 남해안 지역의 별신굿에서처럼 장

무구 타살굿에서는 삼지창을 무구로 이용한다. 인천.

무악기 악사 최수경. 인천.

구, 징, 제금, 호적 등은 빼놓을 수 없는 악기들이다. 다만 동해안과 남해안에서 많이 사용하는 꽹과리를 사용하지 않고 대신 사제무가 사제 과정에서 갱정이라고 하는 꽹과리의 형태이나 꽹과리보다 아주 작은 악기를 사제 의식으로 가냘프게 두드리는 경우가 많다.

그리고 대동굿에서는 피리를 사용하는데 별도의 악사가 있는 것이 아니고 호적을 부는 사람이 굿거리와 굿 과정의 내용에 따라 악기를 바꾸어 가면서 사용한다.

대동굿의 특징

대동굿은 무당 중심의 풍어제에서도 그 규모가 가장 큰 것으로 굿 과정을 세 부분으로 나누어 볼 수 있는 것이 특징이다.

첫째는 당굿으로서 당에 마련된 굿당에서의 본굿이 되겠고, 둘째는 마을의 집집마다 방문하여 각 가정의 안과태평(安過太平)과 풍어를 빌어 주는 마을 세경굿이 되며, 셋째는 바닷가에서 사고로 생명을 잃은 원혼들을 달래 주는 강변용신굿이다.

당굿이 마을 전체의 평안과 풍어를 기원하는 굿이라면 세경굿은 한

무관놀이 관객이 굿판에서 함께 어우러져 쾌자를 입고 춤을 추고 있다. 인천.

가정, 한 가정의 평안과 운수(풍어, 기타 재복)를 기원해 주는 굿이다. 그리고 강변용신굿은 바다에서 원통히 죽은 혼령들을 달래 주는 굿이기 때문에 그 유족들이 중심이 된다.

대동굿의 내용은 길지받기, 뱃기경주, 띠배보내기의 3대 요소를 지닌 것이 특징이다. 길지받기는 각 선주들이 자기의 뱃기에 서낭을 내림받는 엄숙한 신앙의 모습이요 뱃기경주는 뱃기를 자기 배에 먼저 가서 꽂으려고 달리는 놀이이며 띠배보내기는 마을의 모든 액을 바다 멀리 띄워 보내는 신앙이자 놀이의 결합된 모습이다.

이러한 대동굿은 화려한 무굿 의례와 거기에 따르는 지화, 뱃기들의 장식 그리고 중간중간에 삽입되는 뱃동사(선원)들의 흥겨운 에밀량, 온 마을 사람들이 즐겁게 마시고 노래부르고 춤추는 이 모든 것들이 수평적 위치에서 순수하고 진실되게 마을의 축원을 이루는 것이 가장 큰 특징이다.

위도띠뱃놀이

서해안의 절경이라고 하는 채석강의 격포항에서 뱃길로 한 시간쯤 가면 한때 조기잡이의 칠산어장(七山漁場)으로 너무나 유명하였던 위

위도 대리 마을 육지에서 멀지 않은 섬으로 격포항 건너편에 위치하고 있다.

도(蝟島)가 나온다.

이 위도에서는 해마다 음력 정월 초사흗날 '위도띠뱃놀이'라고 하는 마을 공동의 풍어제를 지낸다. 이 풍어제는 당젯봉(마을 산 봉우리)의 원당제(願堂祭)와 선착장에서의 용왕제에 이어 띠배보내기로 연결되면서 마을의 큰 축제를 이루는 제의이다.

현지 마을에서 위도띠뱃놀이라고 부르는 이 풍어제는 본래 명칭이 '대리원당제'로 대리 마을의 당제인 셈이다. 대리원당제는 또 대리원당 굿이라고도 한다.

위도띠뱃놀이의 무굿은 그간 마지막 세습무인 조금례(여, 1917~1995년)가 이끌어 왔으나 몇 년 전에 사망하자 무가 출신이 아닌 일반 전수자 안길녀(여, 66세)가 그 뒤를 이어 굿을 이끌어 오고 있다.

마을과 제의 준비

위도는 육지에서 그리 멀지 않은 큰 섬으로 위도에서 육지 쪽으로 바라보면 격포와 곰소, 고창의 동호항이 바다 건너에 가까이 있다.

몇 년 전만 해도 위도로 가는 여객선은 남녘의 염전 마을인 곰소에서 출항하였으나 격포에 선착장이 만들어지고 왕래 시간도 반으로 줄어들어 여객선 왕래지가 격포로 바뀌었다. 대리는 위도 면소재지인 진리에서 남자 걸음으로 한 시간쯤 걸리고 여객선이 닿는 파장금 마을에서는 한 시간 반 정도 걸리는 섬의 반대편 끝에 소재하고 있다.

대리는 현재 820여 명의 주민이 살고 있고, 김·이·박·설 씨가 주류를 이루고 있다. 그리고 농경지가 전혀 없어 예로부터 어로를 주업으로 삼아 온 곳이다. 예전에는 조기잡이가 주를 이루었으나 현재는 멸치잡이와 해태양식을 주업으로 삼고 있다.

이곳에는 논이 전혀 없어 식량은 육지에서 거의 구입해 오며 부식으로는 해산물을 많이 이용하고 있다. 과거에는 주로 곰소와 줄포를 대상으로 교역을 하였지만 여객선이 격포로 다니면서 부안으로 연결되고 나아가서 전주, 군산, 서울까지 교역 대상이 확산되고 있다.

대리는 멸치잡이를 주업으로 하고 있기 때문에 대형 어선이 필요없고 보통 3톤 정도의 어선이 대부분이다. 대리 마을의 어선 수는 예전에 비해 줄어들어 현재 40여 척쯤 된다. 해산물로는 멸치, 잡어 등의 어류와 해태, 해파리 등 해초류가 주를 이룬다.

이와 같이 대리는 전답이 없이 오직 어로에 의존해 온 마을이어서 풍어를 기원하는 원당제(일명 위도띠뱃놀이)가 주민의 관심 속에서 존속되어 오고 있다.

현지에서 '위도띠뱃놀이'라고 부르는 원당제의 준비는 해가 바뀌기 전인 섣달 10일, 그러니까 20여 일 전부터 시작한다.

마을에서는 먼저 원당제에 대한 협의를 위해 섣달 10일쯤에 주민들이 참석한 가운데 마을의 정기 총회를 개최하고 의견을 모은다. 정기 총회에는 마을 이장 및 어촌계장, 청년회장, 띠뱃놀이 보존회장 등 마을 지도급 인사들과 배를 가진 선주들이 참석하게 된다. 이 정기 총회에서는 제의의 규모를 간소화해서 약식으로 하느냐 아니면 전통적인 제의의 계승을 위해서 원상태로 하느냐 등의 문제와 제비 부담 범위, 액수 등을 결정한다.

총회에서 제의 규모와 제의 비용이 정해지면 바로 제관을 선정한다. 제관은 제만(화주) 1명, 원화장 1명, 부화장 2명을 택하는데 청결하고, 정월 초삼일에 생기복덕(生氣福德)이 맞는 사람이어야 한다. 상가(喪家)나 임산부가 있는 집안의 사람은 절대 제관이 될 수 없다.

제만은 그 해 제사를 모시는 총책임자로서 제주가 되고 원화장은 부책임자 격으로 제사에 쓰일 음식 장만의 책임을 맡는다. 부화장은 원화장을 도와 음식을 장만하고 여러 가지 잔심부름을 하게 된다.

제관이 선정되면 독축관(讀祝官)도 1명 정하는데 독축관은 특별한 사정이 없는 한, 한 번 정해진 사람이 계속한다.

제비는 대체로 선주와 마을 주민들이 공동 부담하는데 소수의 영세민을 제외하고 선주와 해태업을 하는 주민들에게 차등 부과된다.

사제무와 보수

원당제를 사제하는 사제무는 위도의 진리에 거주하다가 몇 년 전에 사망한 조금례였다. 조금례는 전형적인 세습무가에 태어나 어려서부터 무굿 학습을 받았고 또 세습무가에 시집을 간 전형적인 세습무이다. 조금례는 조기잡이의 칠산 어장으로 유명했던 위도에서 5일씩이나 큰 풍어굿을 할 때부터 참여해 온 그 지역의 유일한 마지막 큰 무당이었다.

조금례는 '위도대리원당제(일명 띠뱃놀이)'뿐만 아니라 진리, 식도리 등 각 마을의 큰 굿을 모두 주관하여 사제해 왔지만 나이가 들면서는 대리원당제와 면소재지인 진리 당굿에만 참여해 왔다.

위도 지방은 조금례의 단골판(세습무의 사제 관할 구역)이 형성된 셈이다. 그러나 조금례가 사망하자 무계 세습(巫系世襲)이 끊기게 되었고 근래에 와서는 대리에 거주하였던 안길녀가 조금례 생전에 약간의 학습을 받아 원당제 사제를 해오고 있는 실정이다.

사제 계약에서 위도 지방은 조금례의 단골판이 형성된 셈이어서 풍어제 이전에 사제 계약이 따로 없었고, 해마다 의례적으로 굿을 맡아 하였으며 사제 비용도 마을과 계약 형식이 아니라 일종의 수고비 형식을 택해 마을 형편에 따라 사제비를 지불하고 굿판에 나온 판돈을 챙겨 가는 정도였다. 굿판에서 선주와 일반 참여자들로부터 기분 좋게 굿돈이 많이 나오게 하는 것도 연륜에 따르는 고도의 기술에 속한다.

제당과 신

제당의 이름은 원당(願堂)으로 마을에서 왼쪽 편에 위치한 당젯봉 정상에 자리하고 있다.

바다 쪽으로 절벽을 이룬 이 당젯봉 위에 세워진 원당은 어민들이 모든 소원을 빌고 또 그 소원을 잘 이루어 준다고 하여서 원당이라고 부르게 되었다고 한다.

위도의 앞바다는 한때 조기잡이의 황금 지역인 '칠산어장'으로 유명했던 곳이며 당시 대리 마을은 조기잡이로 활기를 띠던 곳이다. 대리

마을에서 본 당젯봉 마을에서 왼쪽 편에 위치 한 당젯봉의 정상에는 원당이 있다.

원당 맞배지붕의 2칸 기와집으로 되어 있고 낮은 돌담으로 주위를 둘렀다. 이 원당 안에는 12서낭을 모시고 있는데 이 신들을 형상화한 화분 10위가 걸려 있다.

앞바다는 수많은 어선들이 왕래하는 곳으로 타지역의 어선들도 원당 앞을 지날 때에는 원당을 향해 제를 올리며 지나갔다고 한다.

이렇게 원당은 영험하기로 이름나 있고 현재까지도 원당을 함부로 대하는 사람은 아무도 없으며 깊은 신앙의 대상으로 삼고 있다.

마치 망루처럼 좌우의 바다가 모두 내려다보이는 곳에 위치한 원당은 맞배지붕의 2칸 기와집으로 되어 있고 낮은 돌담으로 주위를 둘렀으며 바다 쪽 담장은 절벽 끝에 닿아 있다. 담 안에는 나무가 몇 그루 있고 10여 평 정도의 공간이 있어 농악대와 선주 등 20여 명의 마을 사람들이 제의에 참여할 수 있게 되어 있다.

이 원당에는 12서낭을 모시고 있는데 서낭은 신을 의미한다. 막연한 서낭님에서 '12'라는 수의 개념이 확립된 것은 한 단계 발전한 것이라고 볼 수 있다. 더 나아가 이 신들을 구체적으로 형상화하고 화분(그림) 10위를 만들어 걸어 모셔 놓고 있다.

두 분의 신상은 화분이 없어 알 수 없으나 그 가운데 한 분은 최초로 당집을 지었던 당주를 섬겨 왔다는 이야기가 있고 나머지 한 분은 명칭 자체도 불분명하다.

당집 안에는 10위의 당신이 화분으로 모셔져 있는데 12서낭의 원초형 신체인 접힌 백지(韓紙)를 별도로 걸어서 화분과 겹쳐 모셔 놓았다.

화분으로 모셔진 당신의 이름을 왼쪽에서부터 보면 다음과 같다.

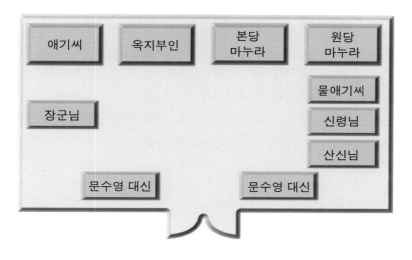

당집의 문 왼쪽(밖에서 볼 때) 벽에 문수영 대신이 있고 이어서 장군님, 애기씨, 옥지(玉笛)부인, 본당마누라, 원당마누라, 물애기씨, 신령님, 산신님, 그리고 문 오른쪽 벽에 역시 문수영 대신이 있다.

당집 안에 모셔진 신들에 대한 내력이나 신격, 역할 등은 아무도 아는 사람이 없고 따라서 어느 신이 주신인지도 분명치 않다. 다만 당 명칭이 원당이고 또 여러 서낭 가운데 일년 동안 배에 모실 서낭을 내리는 깃굿 과정에서 선주들이 무녀로부터 깃손을 받을 때 제일 많이 내림받기를 원하는 서낭이 원당마누라, 본당마누라, 장군서낭, 애기씨 순서인 것으로 볼 때 원당마누라가 가장 중요한 신일 것이라는 것을 짐작할 수 있을 뿐이다.

여기에 모셔진 신들은 산과 마을, 바다 등을 관장하며 마을의 평안과 배의 안전, 그리고 고기잡이를 돕는 신들로 받들어지고 있고 마을 사람들의 수명 장수도 담당하고 있는 것으로 믿고 있다.

특히 애기씨서낭은 어린 아이들의 건강과 수명을 보호하고 있는 신으로 생각하고 있다. 12서낭은 화분과 그 아래 신체로서 한지를 접어 걸어 놓고 있는데 12서낭에게는 각각 익히지 않은 제숙을 바친다.

제당의 제관 독축

위도의 원당제는 아침부터 바로 무굿으로 들어가는 것이 다른 지방과 다르다. 다만 무굿이 시작되기 전에 제관이 먼저 제물이 차려진 제단에 촛불을 켜고 술잔을 올린 뒤 두 번 절을 하고 나서 축문(祝文)을 읽는다.

축문을 읽고 나서는 다시 두 번 절을 한다. 독축관의 독축이 끝나면서 무녀의 당굿에 들어간다.

굿 당

위도에서는 본굿당을 별도로 꾸미지 않고 마을의 제당인 원당의 당집 안에서 굿을 한다. 따라서 굿당을 꾸미는 데 특별한 장식을 하지 않는다. 당집 안은 보통 때에도 일상적으로 당신이 그림으로 형상화되어 모셔져 있어서 제물만 차리고는 곧바로 굿에 들어간다. 다만 굿이 시작되기 3일 전부터 당을 깨끗이 청소하고 관리하며, 당집 처마 끝에 5색기(일명 뱃기)를 하나 세워 놓는데 이 기는 선주들의 뱃기와는 달리 굿당의 신대로서의 의미를 지닌다.

바닷가에서의 용왕굿도 위도띠뱃놀이 과정에서 가장 축제 분위기가 나는 굿이지만 굿당으로서의 공간을 특별히 꾸미지는 않는다. 바닷가 선착장 앞에서 그대로 제상만 차리고 굿을 한다.

원당의 제물 당에 도착하면 사제무가 직접 제단에 차리는데 이때 가장 중요한 제물은 돼지머리로 살짝 익혀 머리 위에 식칼을 꽂아 장군 서낭 앞에 올려놓는다.

원당의 제물은 제관 일행이 제물을 가지고 제당에 도착하는 즉시 사제무가 제단에 직접 차리며 제물로는 메와 시루떡, 돼지고기, 생선적, 삼색 과일, 각종 나물, 술잔 등을 올리고 큰 양푼에 담을 쌀도 세 그릇 정도 올려놓는다. 가장 중요한 제물은 돼지머리로 살짝 익힌 돼지머리 위쪽에 식칼을 꽂아 장군 서낭 앞에 올려놓는다.

당 안의 화분 위에는 화분 이전의 신체 형태인 백지(한지를 여러 번 접어서 가운데를 꺾어 걸어 놓았다)를 12개 걸어 놓고 각기 그곳에 익히지 않은 돼지고기 12쪽을 길쭉하게 잘라 백지 있는 곳에 같이 걸어 놓는다.

이 돼지고기를 제숙이라고 부른다. 제숙은 제수(祭需)의 변형된 명칭으로 보겠는데 현지에서는 유독 고기에 한정하여 의미를 두려고 하는 경향이 있다.

제의 진행 과정

이장으로부터 제비를 전해 받은 제만은 제일(祭日) 5일 전쯤 줄포면으로 제물을 구입하러 간다. 13, 4년 전만 해도 배 한 척을 내어 줄포까지 직접 배를 몰고 갔으나 현재는 여객선을 이용하고 있다.

제물용 물건 구입은 제만과 원화장 두 사람이 맡아 하는데 여객선으로 곰소에 도착하여 곰소에서 줄포까지 버스 편을 이용한다. 두 사람은 줄포에 와서 깨끗한 상점을 골라 궂은 일이 없는지를 물어 보고 별일이 없다고 하면 물건을 구입한다. 물건은 되도록이면 한 곳에서 많이 구입한다. 이때 물건값은 깎지 않고 주인이 부르는 대로 지불한다. 물건 구입을 마치면 물품의 정결을 위해 줄포에서 곰소까지는 택시로 운반하고 곰소에서는 여객선을 이용하되 화물칸 한 칸을 할애받아 싣고 다른 물건은 일체 접근시키지 않은 채 운반한다.

옛날 독선(獨船)을 이용할 때에는 제숙(현지에서는 제단에 바쳐진 돼지고기나 쇠고기를 통틀어 제숙이라고 함)까지 줄포에서 구입하여 왔으나 현재는 운반 관계상 제숙은 현지에서 깨끗한 집을 택하여 구하고 있다.

구입하여 온 제물용 물건은 제만집(화주집)에 보관하는데 마을에서는 배에서 물건을 내릴 때에 "제물을 모신다"고 하여 궂은 사람(상중인 사람, 임산부, 병을 앓는 사람 등)은 모두 나타나지 않는다. 물품이 제만집에 운반되면 제만집에는 곧바로 금줄을 치고 잡인(雜人)을 금한다. 제물용 물품이 오는 날 마을의 선주집에서는 5색(五色) 뱃기(5색기라고도 함)를 집안에 달고 술을 마시며 즐긴다.

제만은 이날 제주(祭酒)를 만들기 위해 술쌀 한 말을 담가 놓는다. 제사에 사용될 모든 제물 준비는 제만, 원화장, 부화장이 맡아 한다.

섣달 그믐날에는 무녀와 제만이 제사에 쓰일 띠배밥, 도제밥, 허드레밥 등의 쌀과, 원당제와 도제 등에 쓰일 떡쌀 및 술과 삼색 과일 등을 분배하여 놓고 떡쌀을 담근다. 다음날인 정월 초하루 오후에는 원화장과 부화장 등이 절구에 직접 떡쌀을 찧는데 입에는 모두 마스크를 한다. 옛날에는 무명 수건 같은 것으로 묶어서 입을 가리었으나 이제는 간편하게 마스크를 사용한다. 이것은 정중한 마음으로 제물을 장만한다는 뜻도 있고, 혹시 잠시 정성을 잊고 잡담을 하게 되어 침이 튀는 것을 방지하기 위해서이다.

초이틀 오후에는 원화장과 부화장이 제숙으로 맞추어 놓은 돼지를 제만집으로 운반해 오고 오후 늦게 돼지를 잡는다. 제숙 준비(돼지 잡는 일)가 완료되면 농악을 울려 온 마을 사람들에게 알리고, 무녀와 제만, 화장들은 원당과 띠배에 각기 사용할 제숙을 구분하여 짐을 쌓아 둔다.

초사흗날 새벽, 일찍 지은 메를 비롯하여 기타 제물과 제기, 양초 등 제를 올리는 데 필요한 여러 가지 물건들을 갖추어 가마니에 넣어서 짐을 꾸린 다음 지게에 받쳐 놓고 무녀, 제만, 화장, 농악대들이 먼저 나와 요란하게 농악을 울리면, 작은 어촌은 금세 떠들썩해진다. 5색뱃기를 든 선주들과 동네 사람들이 모여들면 모두 원당을 향해 산을 오른다.

원당행은 맨 앞에 화주가 서고 다음이 무녀, 독축관, 영기(令旗), 제물 지게, 농악대, 뱃기 그리고 끝으로 다시 영기, 마을 사람들 순서로 긴 행렬을 이룬다.

제만은 보통 검정 두루마기에 수건으로 입을 가리고 제주를 담은 주전자를 들고 가며 영기를 든 기수도 제물 지게를 지고 또 한 사람이 제물 지게를 지고 따른다.

농악대는 쇄납 하나, 꽹과리 2개(상쇄 1, 부쇄 1), 징 2개, 장구 2개(상장구 1, 부장구 1), 북 하나, 영기 2개로 총 10명이 된다. 농악 대원은 한복에 삼색 띠를 두르고 꽃고깔을 쓴다. 이 농악대는 원당제에서부터 띠배보내기까지의 띠뱃놀이 전 과정을 주동적으로 이끌어 간다.

한편 선원들은 한복 또는 평복 차림으로 장대에 긴 오색기(五色期)를 하나 혹은 둘씩 묶어 어깨에 메고 한 줄로 열을 지어 따른다. 농악대를 동반한 제관 일행은 마을 입구의 금깃줄을 쳐 놓은 당나무(동편 당산)에 작은 제상을 차려 놓고 잠시 당산굿을 한다.

제주가 제상을 차릴 동안 제주 뒤에는 농악대가 요란하게 농악을 울리고 그 뒤에 선주들이 뱃기를 들고 서 있다가 제주가 술잔을 올리고 엎드려 재배할 때 농악대와 기를 든 선주들도 허리를 낮게 굽혀 절을 한다. 제주는 잔을 내려 술을 주위에 뿌리고 다시 원당을 향해 오른다.

원당으로 오르는 길은 처음에는 완만한 산길로 시작하다가 갈수록 가팔라지는데 소나무와 잡목, 잡초 등의 수풀길이 바위와 자갈길로 변한다. 이 수풀길이 끝나기 직전 또 하나의 당산이 있는데 이곳에서도

작은당 제사 당오르기 전 마을 입구에서 작은당 제사를 지낸다. 선원들은 한복 또는 평복 차림으로 장대에 긴 오색기를 어깨에 메고 한 줄로 열을 지어 오른다.

역시 제관 일행은 잠시 멈추어 농악을 울리며 작은 상에 술잔을 올리고 주위에 술을 뿌리며 제를 올린다. 이곳 당산에서는 절을 하지 않는다.

제당에 제물이 차려지면 이어서 당굿이 시작된다.

무녀는 한복 차림으로 간단한 악기의 반주 속에서 느리배(띠처럼 긴 흰천)를 들고 춤을 추듯 가벼운 몸놀림으로 한 거리씩 굿을 해나간다.

당오르기 원당으로 오르는 길은 처음에는 완만한 산길로 시작하다가 가팔라진다.

원당도 서낭님네
본당의도 서낭님네
애기씨도 수자도령
장군서낭 열두서낭이
내렴받이 이 터 명당 오셨으니
있는 곳(고기가 많은 곳) 적중하고
없는 것은 많읍시다
　　　　　　　-서낭석 중-

　굿거리는 맨 처음 성주굿으로 시작하여 문지기굿과 뒤풀이로 끝이
나는데 원당에서의 당굿이 바닷가의 용왕굿으로 연결되면서 위도띠뱃

놀이는 절정으로 치닫는다.

무굿은 원당의 당굿과 바닷가의 용왕굿으로 이루어지는데 그 순서는 다음과 같다.

성주굿

성주님이 와서 명당을 잡고 제비원에서 솔씨를 받아 심고 나무가 자라면 잘라 집을 짓는다는 내용이다. 그렇지만 이 성주굿은 마을 사람들의 명(命)과 복(福), 특히 풍어를 빌고 소원 성취를 기원하는 굿이고 그러한 내용이 중간중간에 많이 삽입되어 있다.

성주굿의 끝부분에는 마을 전체를 축원하는 내용이 조금 들어 있어 축원굿의 형식을 띠지만 어디까지나 성주굿의 일부일 뿐 독립된 형태는 아니다.

산신굿

산신님을 위하면서 마을의 평안과 복을 기원하는 굿이다.

손님굿

강남국의 손님(마마신)을 맞아 손님을 위해 주고 명과 복을 기원해주는 굿이다.

지신굿

일종의 지신풀이로 터주를 위하고 부(富)를 기원하는 굿이다. 명당풀이와 비슷한 내용이 복합되어 있다.

서낭굿 1(원당 · 본당서낭)

원당 · 본당서낭을 위해 각 지역의 서낭을 불러 모시고 마을과 마을의 면장, 이장 등 마을 인사들을 축복해 주는 굿이다.

서낭굿 2(애기씨서낭)

애기씨서낭굿은 특히 어린 아이들의 수명 장수와 부를 축원하는 굿이다.

서낭굿 3(장군서낭)

고기를 많이 잡아 벌이가 좋게 해달라고 축원하는 굿이다.

옹진, 연평도 지역에서 위도 지역 사이의 서해안 일대에서는 장군 서낭(특히 임경업 장군)이 어로신(漁撈神)으로 등장하고 있는 것을 많이 볼 수 있다.

깃굿

각 어선의 선주들이 일년 동안 자기네 배에 모실 서낭을 내림받는 굿이다. 무녀는 선주에게 "원당서낭님을 받을 건가" 하면 "예, 원당서낭님을 받을랍니다" 하고 대답한다. 그러면 무녀는 선주의 손바닥에 산쌀을 몇 알 집어 놓아 주는데 이 쌀의 수가 짝수가 되면 그 서낭과 연분이 되어 내림을 받게

뱃기에 묶은 깃손 깃굿에서 내림받은 신명을 한지에 쓴 것이 깃손인데 뱃기의 맨 끝에 묶어 단다.

되고 홀수가 되면 그 서낭을 받지 못하고 다른 서낭을 같은 방법으로 내림받는다.

산쌀이 계속 홀수가 되면 짝수가 될 때까지 다른 서낭을 받는다. 선주의 손바닥에 놓인 산쌀이 짝수가 되어 서낭이 내려지면 그 서낭의 이름을 한지에 적어 주는데 이것을 깃손 또는 길지라고 하며 이 깃손을 뱃기(5색기)의 꼭대기에 묶는데 이것이 바로 '깃손받기'이다.

깃굿은 선주에 대한 축원과 풍어를 기원하고 어선 하나하나의 뱃기에 깃손을 내리는 굿으로 일면 선주굿이라고도 한다.

문지기굿과 뒤풀이

위도 풍어제의 마지막 굿으로 마을의 신전인 당집과 그 안의 여러 존신들을 잘 지켜 준 문지기신을 위하고 또 굿당에 들어오지 못한 여러 잡신들을 풀어 먹이며 원혼(怨魂)들을 달래고 보내는 굿이다.

당굿을 하는 동안 한쪽에서는 고기를 익히고 또 한쪽에서는 술과 고기를 서로 권하며 굿장단에 맞추어 돌면서 춤을 추기도 한다.

굿거리가 한 거리씩 끝날 무렵 무녀가 굿당에서 밖으로 나오고 농악이 울리면 당제에 참여한 많은 사람들이 또 어울려 춤을 춘다. 그러다가 무녀는 마을 유지나 선주들을 한 사람씩 느리배로 목을 걸어 굿당 안으로 끌고 가기도 한다. 끌려 간 선주는 익살스럽게 "예 뭐 잘못했으면 용서해 주시고 고기나 많이 잡게 해주십시오" 하면서 당전(堂錢)을 놓고 절을 한다.

당굿 끝 무렵엔 깃굿을 하는데 깃굿은 각 선주들을 빌어 주고 선주들이 자기네 배에 일년 동안 모실 당신을 12서낭 가운데 내림받는 굿이다. 이때 무녀는 선주들에게 차례로 산쌀이라고 하는 굿당에 놓았던 쌀을 집어 손바닥에 놓아 주면서 '원당서낭' 하고 신을 내려주는데 쌀알이 짝수가 되면 그 신을 모셔 가게 되고 홀수가 되면 연줄이 안 맞아 그 신을 받지 못하고 다른 신을 내려준다. 어느 선주는 아주 익살스럽게 "우리 배는 여자를 좋아하니까 애기씨서낭을 받을랍니다" 해서 받은 쌀알이 짝수가 되면 원하는 대로 되었다고 좋아하기도 한다.

이렇게 신을 받아 한지에 신명(神名)을 써 주면 이것이 곧 깃손이 된다. 깃손을 뱃기의 맨 끝에 묶어 달고 당굿이 끝나면 다시 농악을 울리면서 그 뱃기를 들고 하산한다. 그 동안 마을 바닷가에서는 띠와 짚, 수수깡 등으로 길이 3미터 반이나 되는 띠배를 만들어 놓고 기다리고 있다.

용왕굿

용왕굿은 바닷가에 용왕상을 차려 놓고 장구와 징 반주로 시작한다. 이때부터는 부녀자들이 중심이 되어 고깔을 쓰고 농악기를 치면서 춤

용왕제와 부녀들 바닷가에 용왕상을 차려 놓고 장구와 징 반주에 맞춰 부녀자들이 중심이 되어 용왕굿을 지낸다.

을 추는데 탈을 쓰고 나오기도 한다. 한쪽에서는 남녀 가릴 것 없이 술배노래, 가래질노래들을 불러 마을의 축제 분위기를 고조시킨다.

용왕굿이 끝나갈 무렵에는 마을 사람 가운데 술과 흥에 못 이겨 바닷물에 빠지는 사람, 소리지르는 사람, 노래부르며 비틀비틀 춤을 추는 사람도 나온다.

조상 적부터 바람 불고 파도 사나운 작은 어촌에서 생명을 걸고 고기잡이를 해온 이 어민들이 내일에 기대를 걸고 나만이 아닌 마을(우리들)의 풍어를 기원하면서 온 마을 사람이 모여 화합된 분위기 속에서 즐길 수 있다는 것은 이들만이 터득한 생활의 방편이요 지혜인 것이다.

바닷가가 떠들썩하게 흥을 돋우던 용왕제가 끝나면 차렸던 제물을 띠배에 싣거나 퇴송밥(고수레용 허드렛밥)을 만들어 바다에 넣어 준다.

띠배에는 동·서·남·북 중앙에 허제비를 만들어 싣고 5방기(五方期)도 꽂아 놓는다. 드디어 띠배가 뭍에서 바다로 띄워지고 모선(띠배를 끌고 갈 어선)에 연결되면 농악대가 모선에 오르고 가래질노래와 술배노래를 부를 몇 사람도 배에 탄다.

띠배가 나갈 때는 5색 뱃기를 장식한 여러 어선들이 모선을 호위하며 바다로 나간다. 황혼이 깃들이는 망망대해(茫茫大海)로 5색기에 바람을 받으며 드높이 울려퍼지는 농악과 뱃노래를 뒤로하고 띠배가 떠난다. 어민들은 띠배가 이 마을의 모든 액운을 실어 갈 것을 믿으며 풍어에 대한 꿈을 키운다.

에이야 술배야 술배로구나
이 술배가 누구 술배냐 / 홍동진이 술배로세
술배소리 맞아주소
먼데 사람 보기 좋고 / 가까운 사람 듣기 좋게
술배소리 맞아주소

띠배와 용왕상 띠배에 오방기를 꽂아 놓고 용왕상과 함께 용왕제에 차렸던 제물을 싣는다.

띠배를 끌고 가는 모선 띠배가 모선에 연결되면 농악대와 노래 부를 몇 사람이 모선에 오른다.

띠배 모선과 호위선들 오색 뱃기를 장식한 여러 어선들이 모선을 호위하며 바다로 나간다.

띠배가 떠나가는 것을 지켜보며 기원하는 주민들 어민들은 모두 바닷가에 마을의 모든 액운을 실어가길 바라면서 띠배가 떠나가는 것을 지켜본다.

미끄런 조기야 코코에 걸려라 / 에이야 술배야
껄끄런 박대야 코코에 걸려라 / 에이야 술배야
나오신다 나오신다 / 에이야 술배야
선주에 마누라 술동이 이고 / 발판 머리에 엉덩이춤 춘단다
에이야 술배야 술배로구나
걸렸구나 걸렸구나 / 우리 배 망자에 걸렸구나
이놈의 조기야 어디갔다가 이제왔냐 / 에이야 술배야 술배로구나

- 중략 -

바다는 때로 화를 내고 변덕을 부려 어민들에게 고난을 안겨 준다. 그러나 그들은 결코 절망하지 않으며 밤이 지나면 밝은 해를 볼 수 있다는 것을 믿듯이 희망을 지니고 살아간다. 액운을 실은 띠배는 멀리 사라져 버리고 풍어를 부르는 술배노래만 목청 높이 바다 위로 퍼져 흐른다.

무복 · 무구 · 무악기

위도 원당굿을 사제하는 무녀는 평소 깨끗한 한복 차림으로 굿을 하는 것이 특징이다. 옛날에 처음으로 굿판에 나와서 굿을 할 때 입은 무복이 한 벌 있기는 하지만 그간에도 입은 적이 없고 이곳뿐만 아니라 인근 지역의 무녀들도 무복을 입지 않고 굿을 하는 것이 상례이다.

처음 만들었던 무복은 남해안별신굿에서 사제무가 입는 무복과 거의 비슷하다. 다만 쾌자 형태에서 연결된 색동 소매가 길고 넓어서 원삼에 조금 더 가까운 느낌을 준다. 허리에는 붉은 띠를 맨다. 그리고 머리에는 화관 종류의 큰머리 대신에 종이로 접은 흰 고깔을 쓴다.

무녀와 악사 쾌자 형태에서 연결된 색동 소매가 길고 넓어서 원삼 형태에 가깝다. 무악기는 주로 장구와 징만이 사용되고 있다.

무구는 대나무를 깎아서 만든 대칼이 유일한 것인데 대칼의 길이는 22 내지 23센티미터쯤 되고 손잡이 끝에는 백지술을 길게 달았다. 이 대칼은 두 개로 양손에 하나씩 들고 굿을 한다. 그러나 대칼 역시 무복을 입지 않을 때는 사용하지 않는다.

무악기는 현재 장구와 징만이 사용되고 있는데 이것도 전문 악사의 무악기라기보다는 마을 농악대에서 농악기로 사용하고 있는 것이며 마을에서 장구와 징을 오랫동안 잡아 온 사람이 악사가 되어 무굿에서 반주를 맡는다.

그러나 예전 조기잡이가 한창이던 시절, 많은 고기잡이 배들이 모여 파시(波市)를 이룰 때에 있었던 풍어굿에서는 전문 악사들로 삼현육각을 다 갖추었다고 한다.

무굿의 특징

당굿의 특징은 각 배의 선주들이 들고 오는 5색 뱃기에 일년 동안 배에서 모시게 될 뱃신을 내려주고 풍어를 기원해 주는 선주 중심, 남성 중심의 제의라는 것이다. 그러나 바닷가의 용왕굿은 마을의 액을 없애고 바다의 원혼을 달래며 풍어를 기원하는 제의로, 이 용왕제에는 부녀자들이 참여하여 주도하는 것이 특징이다.

원당제와 용왕제, 각기 특색을 지닌 이 두 제의를 공간적, 시간적으로 메워 주고 연결시켜 주는 것이 '용왕밥 던지기'와 '마을 돌기'이다. 이 마을 돌기는 사실상 농악 과정에 해당된다.

원당굿에서 띠배보내기까지의 위도띠뱃놀이는 무굿과 농악과 민요(가래질노래, 술배노래 등)가 복합된 제의 형태이다. 온 마을 사람들이 남녀노소, 빈부의 구별 없이 수평적인 위치에서 술과 노래와 춤으로 한

껏 즐기는 놀이마당을 이루고, 띠배를 띄워 보내는 것으로 절정을 맞이하는데 이러한 여러 과정이 신앙을 바탕으로 하면서도 마을 축제로서 상당한 체계를 갖추고 있다.

맺음말

　우리나라　해안 지방의 풍어제 가운데 동해안과 남해안 지역에서 가장 두드러지는 것은 별신굿이고 뱃고사도 이에 포함시킬 수 있다. 그러나 같은 별신굿과 뱃고사라도 동해안과 남해안의 실태를 비교해 볼 때 그 성격이나 형태의 성함과 쇠퇴함이 각각 다르게 나타난다.

　뱃고사는 동해안 지역에서는 규모가 적고 의례적인 데 비해 남해안 지역에서는 제물과 뱃기의 장식 등에서 고사 규모가 커지면서 깊은 신앙성을 띠고 있다.

　별신굿을 예로 들면 동해안 지역은 위로 고성으로부터 아래의 부산 동래에 이르기까지 대부분의 마을이 3년에서 10년 간격으로 제의를 갖고 마을에 따라서는 매년 제의를 갖는 곳도 있다. 무당들도 집단을 이루어 화려한 굿판을 벌인다. 그에 비해 남해안에서는 일부 지역에서 집단무가 아닌 무녀 2, 3명으로 굿이 이루어지며, 진행 기간도 짧을 뿐만 아니라 굿 과정에서 웃음을 유발시키는 흥미성도 적다.

　그러나 뭐니뭐니 해도 동해안 지역과의 차이는 별신굿을 사제하는 세습무의 소멸 현상을 들 수 있다. 동해안 지역의 무당들은 스스로 예술인으로 자처할 정도로 자부심을 가지고 있어서 그런대로 가계 세습

(家系世襲)이 이루어져 세습 무당이 보충되고 있다. 그러나 남해안 지역에서는 가계 세습이 이루어지지 않고 있으며 불과 몇 명 안 되는 노무(老巫)들도 가족들의 만류로 사제 자체를 은밀히 하거나 기피하려고 한다. 이러한 여건 속에서 남해안 지역의 무당은 소멸되어 가고 있다. 반면에 현지에서 강신자(降神者)라고 부르는 점쟁이는 성하여 많은 수를 이루고 있고 이 가운데는 점과 무의를 겸하는 자들도 많이 있다.

서해안의 풍어제는 그 형태와 성격에 있어서 동해안과 남해안 지방에 비해 또 다른 일면을 지니고 있다. 우선 뱃고사는 규모가 더 커지면서 주민들이 함께 참여하고 음복도 같이한다. 배 위에서는 농악과 춤판이 벌어져 신앙적인 제의에 축제성을 더하고 있다.

서해안대동굿은 원래 해주, 옹진, 연평도 등지에서 성행하던 마을의 큰 굿인데 이 대동굿의 사제무들은 강신무라는 점이 특이하다. 따라서 사제무는 굿 중간에 접신(接神) 현상을 보이는 신비감을 지니며 마을의 운수나 또는 제의를 추진한 제관들에 대해서 공수를 내려주기도 한다.

또 한 가지 특징은 사제무의 복색이 다양하고 화려하며 굿거리 내용에 익살스러운 것들이 있어 신비성과 연희성을 함께 지닌다는 것이다.

마을 제의인 위도띠뱃놀이는 제당의 당굿과 마을 돌기, 바닷가의 용왕굿 등 제의 과정이 3개 과장으로 뚜렷이 구분되고 제의의 마지막 과정인 띠배보내기에서 절정을 이룬다. 이 위도띠뱃놀이에는 계속 농악이 따르고 술배소리, 가래질소리 등의 띠뱃놀이 노래와 주연(酒宴)이 곁들여져 완전히 마을 축제를 이룬다.

서해안 풍어제의 전승에 있어서 가장 우려되는 것은 사제무의 단절이다. 특히 서해안의 위도띠뱃놀이는 세습 무계로서의 사제무는 사실상 단절된 상태이고 현재 무가 출신이 아닌 일반 전수자가 굿을 이끌어 가고 있는 형편이다.

무굿 형태의 마을 제의는 오랜 역사성과 전통성을 지니는 것이어서 한 민족의 종교 사회적 측면과 연희적 측면에서 볼 때 대단히 중요하고 높은 가치를 지니고 있다.

좀더 본질적으로 살펴보면 한국의 이러한 마을 제의는 인간과 인간의 화합, 더 나아가서는 신과 자연과 인간의 화합 형태라고 볼 수 있다. 다시 말해 자연은 곧 신이라는 등식과 인간은 바로 이 자연 속에서 존재 가치를 지닌다는 결과를 터득한 의례 행위에 다름 아닌 것이다.

인간의 삶에서 물질과 정신은 다 같이 중요하다. 그러나 정신이 없으면 인간은 존재 가치가 없어진다.

우리의 삶에서 터득되고 소산된 제의 문화(祭儀文化)는 곧 우리의 정신 문화인 것이다. 따라서 정신 문화로서의 이 마을 제의는 우리의 삶에 깊은 의미와 가치를 지니고 있다.

빛깔있는 책들 101-36

한국의 풍어제

글	―하효길
사진	―하효길

회장	―차민도
발행인	―장세우
발행처	―주식회사 대원사

편집	―박수진, 김분하, 김수영, 연인숙, 최은희, 김남연, 권효정
미술	―김명준, 김지연
기획	―진성민
총무	―이훈, 이규헌, 정광진
영업	―김기태, 이승욱, 문제훈, 안태경, 박경이
이사	―이명훈

첫판 1쇄	―1998년 1월 20일 발행
첫판 2쇄	―2002년 4월 30일 발행

주식회사 대원사
우편번호/140-901
서울 용산구 후암동 358-17
전화번호/(02) 757-6717~9
팩시밀리/(02) 775-8043
등록번호/제 3-191호
http://www.daewonsa.co.kr

㉱ 값 13,000원

Daewonsa Publishing Co., Ltd.
Printed in Korea(1998)

ISBN 89-369-0210-5 00380

빛깔있는 책들